第一次亲吻

我们孩子的情感教育

[意大利]阿尔贝托·佩莱　芭芭拉·坦博里尼　著

毛蒙莎　译

广西师范大学出版社
·桂林·

IL PRIMO BACIO
L'educazione sentimentale
dei nostri figli preadolescenti
World copyright © 2019 DeA Planeta Libri S. r. l

This Simplified Chinese translation edition is arranged through Copyright Agency of China Ltd. (本书中文简体版专有出版权由权利人经由中华版权代理有限公司授予广西师范大学出版社)

著作权合同登记号桂图登字:20 - 2022 - 236 号

图书在版编目(CIP)数据

第一次亲吻:我们孩子的情感教育/(意)阿尔贝托·佩莱,(意)芭芭拉·坦博里尼著;毛蒙莎译.—桂林:广西师范大学出版社,2023.6

(新儿童经典译丛)

ISBN 978 - 7 - 5598 - 5876 - 4

Ⅰ.①第… Ⅱ.①阿… ②芭…③毛… Ⅲ.①青春期-家庭教育 Ⅳ.①G782

中国国家版本馆 CIP 数据核字(2023)第 040683 号

第一次亲吻:我们孩子的情感教育
DI-YI CI QINWEN:WOMEN HAIZI DE QINGGAN JIAOYU

出 品 人:刘广汉　　　策划编辑:王　璇
责任编辑:李　影　　　封面设计:李婷婷
插　　画:安静 Echo

广西师范大学出版社出版发行

（广西桂林市五里店路9号　　　邮政编码:541004）
（网址:http://www.bbtpress.com）

出版人:黄轩庄

全国新华书店经销

销售热线:021 - 65200318　021 - 31260822 - 898

山东韵杰文化科技有限公司印刷

(山东省淄博市桓台县桓台大道西首　邮政编码:256401)

开本:890 mm×1 240 mm　　1/32

印张:8　　　　　　　　字数:155 千

2023 年 6 月第 1 版　　　2023 年 6 月第 1 次印刷

定价:58.00 元

如发现印装质量问题,影响阅读,请与出版社发行部门联系调换。

目　录

序　言

　　每开启一个新的出版计划，我俩在动笔前都会花数月时间浏览科研资料、收集数据、阅读书籍、观看电影，做我们认为有助于迎接挑战的一切准备工作。为了撰写这本小书，我们同样做了很多功课，不过这一回，一切都始于……一个错误。

　　八年前的一天，我们的大儿子（当时他十岁）正要进卫生间冲澡，突然把他妈妈叫了过去。"我得告诉你一个重大秘密。"他对她说。他神情欢悦，脸上现出尴尬的笑容，后面这一点令他妈妈非常好奇。雅各布是个多话的孩子，他想说点什么并不奇怪，奇怪的是他在那一刻表现出的兴奋。

　　"妈妈，今天我第一次感到自己喜欢上了一个女孩。"他宣布道。

　　他妈妈望着他时的那副样子，就仿佛儿子刚刚宣布自己正在贷款买房。她想说些高明的话来回应，想知道更多，想弄清她的小宝贝正在经历什么，想让他感到自己正在被聆听和理解。那是一个特殊的时刻，不仅对其心爱的长子而言——对她自己来说，那一刻也将永远铭刻在她作为母亲的情感记忆中。她的孩子感受到了爱的力量，并且选择她作为自己首次谈论爱情和女孩的对象。但当她还在陶醉着，搜肠刮肚地想找出一句深刻的话来说时，雅各布已经做好进淋浴房的准备，并且让她明白了他此时不希望卫生间里有其他人。就在这时，由于特别不想让孩子失望以及太想说些能在孩子心中留下不可磨灭的印记的话，她脱口问出了一个她觉得这辈子提过的最愚蠢的问题："所以你的小心脏感觉到什么了吗？"

雅各布立即清楚地意识到他的母亲已经开始浮想联翩。他以其十岁的心智，做出了一个孩子最自然的反应——开始发笑。"妈妈，你这问的是什么问题呀！这也太离谱了吧！"说完，他又对母亲的自尊心发起了一次正面攻击，"我再也不会对你说什么了。"

确实，从那天起，他就不怎么跟我们提及他的感情生活了。于是，"所以你的小心脏感觉到什么了吗"作为向一个刚对妈妈祖露心动体验（说不定那次心动只持续了冲一次澡的时间）的小男孩提出的最糟糕的问题，被正式载入了我们的家庭史册。

为人父母不是一件容易的事情，需要学习的东西可能一辈子都学不完，但好在犯错也是乐趣之所在。回想起那段往事，我们和雅各布一道不知笑了多少回——它已经成了我们故事的一部分，成了我们尝试谈论爱情的特别方式。正是从那次笨拙的尝试中，我们产生了写一本关于初吻（以及从更广泛的意义上来讲，关于如何对孩子进行性教育和情感教育）的书的想法，因为初吻是一个重要的时刻，标志着此前只存在于我们想象之中的爱情已经变为现实。

那么，父母和子女之间可以谈论初吻，以及——从更广泛的意义上来讲——可以谈论性吗？答案是肯定的。并且我们相信，不仅可以谈，而且应该谈，因为如今，成长中的孩子彷徨在两个极端之间：一方面，新媒体提供着无穷无尽的与"性"有关的画面；另一方面，身为参照者的成年人（首先是父母和老师）却对该话题闭口不谈。

一边是沉默或近乎沉默，另一边则是震耳欲聋的背景噪声，诱使新生代不加过滤（而且往往不做准备）便投身于形形色色的体验之中。"只管去做""享受人生""活在当下""停止思考"只是知名广告词中的几例，所有这些话语都是某种特定文化的产物，这种文化怂恿人们凭本能行事，犯不着过多考虑后果。

无论是销售化妆品、香水、面条还是轮胎，我们总会求助于同样的与"性"有关的画面，因为"性"已被视作纯粹的即时享乐的象征。本应蕴含千百种情感和心理的东西，却被作为肤浅之物来呈现，与正在体验它的人的所思所感相去甚远，而我们的孩子就在这种已将"性"常态化的环境中成长。对此，我们应该做些什么呢？

你或许有过这样的经历：走在街上的时候，你四岁的孩子突然出神地看着一块非常露骨的广告牌，既觉有趣又觉尴尬地问："爸爸，墙上为什么有个不穿衣服的女人？"年龄大些的孩子已经习以为常，他们不会发问，并且几乎对此视而不见。面对某种脱离语境的刺激却不会感到惊讶，这种情形被称为"常态化"。它往往发生于某条社会规范（如"不在公共场合露出身体的隐私部位"）被反复违背，以致被改变之时。换句话说，到头来人们会认为与建筑外墙一般大小的半裸女性的照片是正常的。

我们生活于其间的社会环境正在使许多几年前还被认为是不可想象的事物变得正常。试想一下，倘若我们的祖父从乡下进城，在市政厅的大门旁边发现贝伦·罗德里格斯[①]的巨幅照片——照片中的她穿着细高跟鞋跪在床上，内裤被稍稍拉低，展示出其著名的蝴蝶文身——脸上会出现怎样的表情。他肯定会以为是自己出现了幻觉，或者是自己疯了，但他绝对不会认为这是正常现象。相较之下，在我们的熟视无睹背后，就是我们所说的对"性"的使用的常态化。

在背景噪声中，"性"被呈现为一种常态化的东西。与之相呼应（从而使这种状况得以维持）的，是身为参照者的成年人的沉默。年幼的孩子处处撞见"性"，却无法与任何成年人谈论此话题，也不能在他人的帮助下以正确的方式得到对自己的所见所闻的解释。

一些新闻报道显示，我们的孩子正体验着我们从未想象过的虚拟的"性"，然而，我们成年人对此却感到惊慌无力。我们毫无准备。我们的孩子几小时几小时地捣鼓智能手机，用着我们几乎连听都没听说过（而且即便我们想，也永远无法像他们那样使用自如）的应用程序和社交网络。那我们该怎么办呢？是举手投降，还是报名参加一个为期十年的攻读尖端科技的硕士课程？你

---

① 贝伦·罗德里格斯（Belén Rodríguez，1984—　 ），阿根廷裔意大利模特、主持人、演员。（本书脚注若非特别说明，均系译者注）

手中的这本书是介于以上两种选择之间的一个很好的折中方案，它将帮助你厘清思绪，使你对自己在孩子的情感教育、情绪教育和性教育方面想要扮演的角色有更加清晰的认识。

　　不论你的孩子年纪尚幼，还是即将步入青春期，抑或年龄足够大且已有了第一次性体验，我们都建议你从头开始、从基础开始，也就是从"初吻"这个爱情中的第一个亲密举动开始。我们恳请你回想一下自己的经历，回想一下你年轻时的初吻：你是如何走到那一步的？你是如何为那一刻做准备的？假如时光倒流，你会采取哪些不同的做法？为什么时隔多年，你仍然记得自己的初吻，并把它视作你情感生活中一个独特而不可复制的时刻？这很可能是因为，初吻在你的生命中标示出了一道分界线，前面是"曾经的你"，后面是"你力求成为的那个自己"，而之所以会发生这一转变，同样得益于"初吻"的这段经历。

　　反思自己的个人经历将有助于你弄清：孩子如何才能很好地体验他们将要给出的初吻，或是如何以新的眼光看待他们已经给出的初吻。我们要如何与孩子谈论初吻？你是否认为应该以一种无意识的轻松态度来经历初吻，像完全不知道自己会遇到什么那样，直到事情发生的那一刻才恍然大悟？还是说，你坚信初吻既是一段旅程的终点，又是另一段旅程的起点，途中的每一步都应经过深思熟虑和有意识的选择，并且能使当事人更好地认识自己？两种态度之中，哪一种是更可取的？

　　本书将帮助你找到上述问题（以及其他一些问题）的答案，使你有能力陪伴自己的孩子走好通往"性"的世界的道路。尽管为了行文方便，我们是在面向家长说话，但本书并不仅仅是为父母而写的。假如你是一名教师，并且很想在学生成长过程中的这个关键阶段为其提供一定的帮助，那么你也会发现本书非常有用，因为正如我们已经说过的那样，在"性"这个话题上的沉默不仅涉及父母，还牵涉被孩子视为参照者和指导者的其他成年人。

首先，我们将帮助你让孩子明白，初吻是非常重要的一步，不应过于草率地去经历。它是一种爱的表示，因此需要被认真对待。接吻是一种会引发强烈情感和兴奋感的体验，但在真正的恋爱关系中给出的吻和以昙花一现的方式耗掉的吻之间存在差别，了解这种差别是学会区分这两种吻的必要前提，孩子的所思所感也将成为他们对成长过程中的这个关键时刻展开想象、满怀憧憬和进行准备的基础。

在本书的第一部分（"思考篇"），我们将思考"感情"，以及在成功地与孩子建立沟通并对他们进行情感教育和爱的教育方面，你需要知道的一切。我们将谈论如何与孩子展开对话，同时又不至于过度干预，或是如何避免走向另一个极端——全然缺席。谈论"性"是一项特别微妙的任务。每个故事都有其独特性，每个孩子都有自己的行事方式，每家家长也各不相同。有些错误应当避免，有些话不能说，但也有一些沉默会造成伤害，而且有一些问题必须去面对。通过对具体情境进行分析，每个成年人都能更好地懂得如何为青少年提供情感教育，如何更有效地与他们进行沟通。

我们还将谈论应该如何支持孩子进行自我观察和自我审视：必须学习哪些东西，才能为初吻做好准备？在面对自己的第一段爱情时，需要知道什么，需要具备怎样的能力，以及如何保持自我？

最后，我们也将自问，我们希望自己的孩子在感情方面有怎样的收获：我们想教给他们怎样的爱情观？他们的自由始于何处？当他们憧憬爱情时，我们希望他们将何人视作典范？

本书的第二部分（"情感篇"）是一段充满激情、引人入胜的旅程，我们将带你品读真实的关于第一次亲吻的故事——对父母而言，这是一份可以与孩子分享的宝贵材料。这些故事彼此之间非常不同：十九个故事的主人公是男孩，二十个故事的主人公是女孩；有些体验是积极的，有些体验是消极的；有美好的吻，也有被偷走、被草草带过、被糟蹋的吻（后一类吻在经历过的人的记忆中留下了或大或小的伤痕）。我们之所以把如此大的篇幅留给这些故事，是因为从具体情境出发不仅有助于成年人，也有助于孩子明确知道他们需要为这一刻做好一切准备，知悉相关的各种情感（包括恐惧）。此外，这些故事也为父母和孩子提供了一个在家庭内进行对话的机会：它们虽与你的亲身经历无关，却有可能发生在任何人身上，是谈话的很好的切入点。由此，全家人可以一起就初吻的前因后果展开思考，以便孩子将来能够做出更明智的选择。

这样的对话非常微妙，也极为珍贵。为了找到最适合用来打开话题的词句，我们努力回想过去每天接触的许多孩子。我们还努力想象你的孩子会呈现出怎样的状态（没有哪两个孩子是完全相同的）：害羞、好奇、沉默、忧虑、惊恐、兴奋……这个形容词清单可以无限延长下去。为了确保你能在这本书里听到成长中的孩子的声音，我们还请自己的孩子帮忙——他们几个刚好代表了本书谈及的几个不同年龄段。

十岁的卡泰丽娜在身体和心智上都仍是个孩子，在她眼中，感情和性都属于有待去发现的遥远世界。虽然她的玩伴中有男孩也有女孩，但她最知心的朋友全是女孩。她提问时从不拐弯抹角，也想象不到我们找起答案来有多费劲。要是她认为我们解释得还不够清楚，就会向我们指出这一点。她对一切都很好奇，都想弄个明白。她还会偷听哥哥们的谈话，假如他们因某个双关语而发笑，尽管没有完全听懂，她也会跟着一起笑。

十二岁的彼得罗无论从哪方面来看都是一个出色的前青春期①少年，有着海啸般的能量。他已经开始注意到，在他周围有一个由男性和女性组成的世界，双方之间有时会突然产生一种相互的吸引，具体表现为传纸条、偷偷见面和约会。有时，他的一些朋友会交女朋友，还会亲吻自己的女朋友，但他目前对这些事情还不感兴趣。他跟我们谈论爱情和性的时长不会超过三十秒，但现在已经能听懂双关语——大家发笑的时候，他会笑得更响，同时得意扬扬地看着在场的大人。他看似非常自信，但只要发生一点小意外，他立马就会伸手求援，寻求坚实的支撑，以重获平

---

① 心理学和教育学术语。指童年期（在本书中指从出生起至十岁的这段时期）和青春期（在本书中指十四至十七岁的这段时期）之间的那个时期（在本书中指十一至十三岁的这段时期）。

衡。他信任我们，在需要帮助的时候不会不敢向我们求助。

　　十五岁的阿莉切是一个盛放中的青春期少女。她爸爸总是跟她和她妹妹说，要是哪天她们带个男朋友回家，他会"毙了他"，姐妹俩听了总是哈哈大笑。对阿莉切来说，心里想着一个男孩是再正常不过的事情。她有很多女性朋友，知道如何与别人建立深层的关系；别人会向她吐露秘密，她也会为别人出谋划策，还会背着我们与别人谈论爱情。要是由她自己拿主意，她绝不会待在家里，因为世界如此美妙，她想去认识、去了解。她常向我们投来深情却短暂的一瞥，因为她总是急急忙忙的。她也会跟我们说一些事情——在她想说的时候，以她想要的方式。她第一次触碰爱情，这份爱情或许转瞬即逝，又或许得以持久。她很聪慧，有时也很轻率，总是信任别人，总是在探索，总是试图独立行事、独立思考。我们知道我们必须留神盯着她，但同时也要给予她鼓励。

　　十八岁的雅各布几乎算得上一个男人。他有点痛苦，因为他正在走向成年：到目前为止，他一直过得相当愉快，想到眼下自己承担的责任正在增加，他一点都高兴不起来。尽管已经到了能以成年人的方式去爱的年龄，他更喜欢的却仍是足球和朋友。他会问自己诸如"谁将成为国家队教练"这样的重要问题，也会问"我长大后要做什么""我要怎样信守承诺""为什么我必须从沙发上站起来"……雅各布是个敏感的孩子，但他心不在焉的程度与此不相上下。他能发表成熟的演说，谈到自己热衷的事情时会充满激情。有时他有点想入非非，似乎注意不到周围的情况，但有时又会突然把事情看得一清二楚，说起话来犀利而深刻，知道如何抓住机遇。我们不知道他是否写情书，但可以肯定的是，他每天都会为自己和几个朋友共同创建的足球主页撰稿。

这些就是我们自己的孩子，每一个都很有特点，都独一无二。我们需要为他们付出大量的精力，但看到他们一天天地在我们的眼前成长和转变，我们也倍感骄傲。我们决定以对他们的采访作为本书的开篇，因为性教育首先是一场对话，一种试图以发自内心的自然状态来谈论爱情的愿望。经他们同意，我们将与你分享他们给出的回答。假如你还没有这么做过的话，你也可以向自己的孩子提出同样的问题，因为他们的回答将大大出乎你的意料。请试着倾听孩子对你说的话，另外，假如你有不同年龄的孩子，请尽可能留意他们之间的差别。

祝阅读愉快。

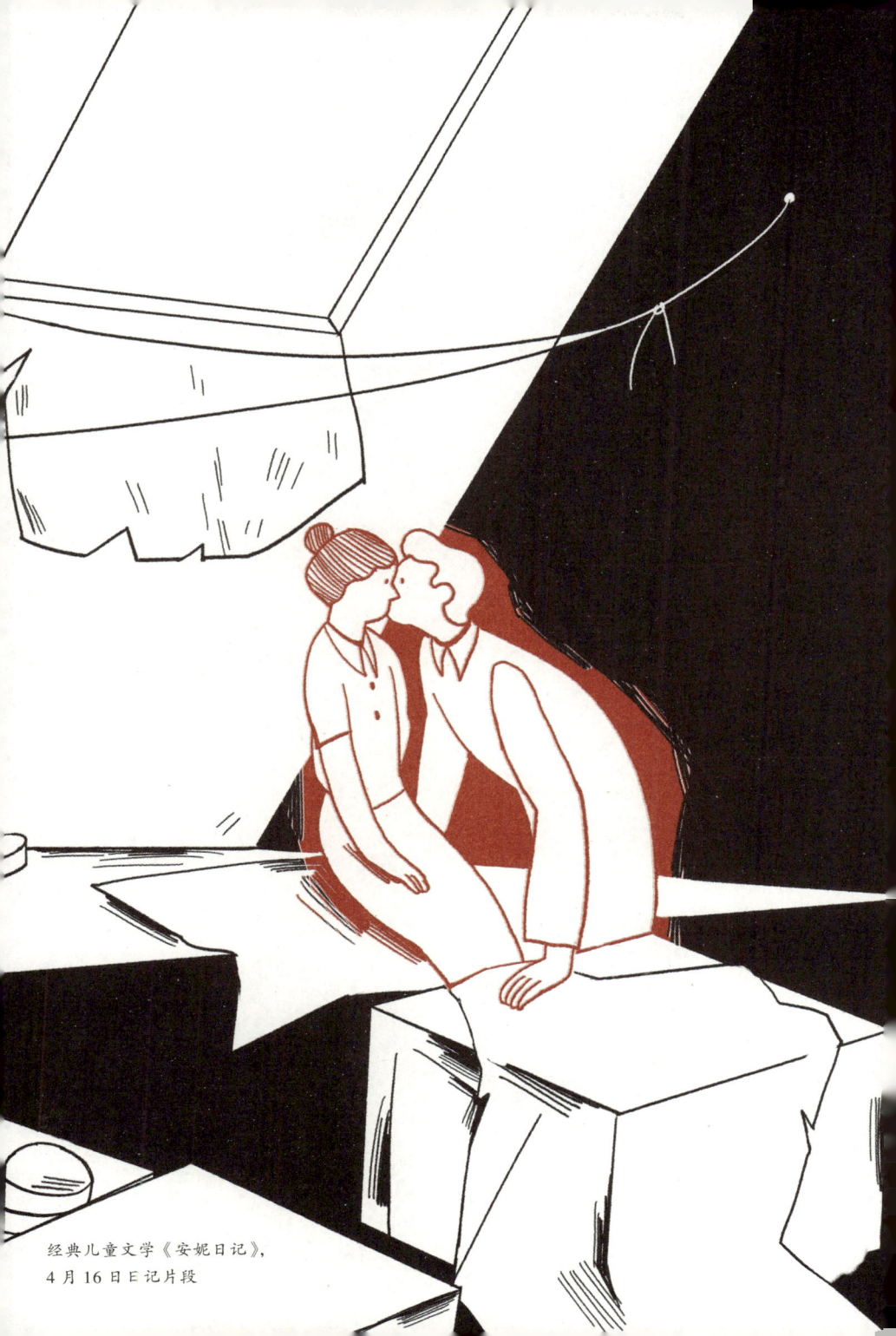

经典儿童文学《安妮日记》，
4 月 16 日 E 记片段

孩子、初吻和爱情

——对我们自己孩子的访谈

雅各布（十八岁）

🔵 父母应不应该与孩子谈论爱情和初吻？

父母营造的环境才是根本。如果一个孩子在有爱的环境中长大，就会对"爱"有概念，就能将它融于自己体内。一些小事是很重要的，甚至比你对孩子说的话还重要，比如父母的行为举止，对彼此的关心。比方说：上坡时争着推婴儿车，为了让伴侣多休息一会儿而早起，早早地准备好给对方的生日惊喜，总是惦记着对方在一天中经历了什么……父母应该向孩子展示良好的相处模式，这一点非常重要。

🔵 你是否坠入过爱河？

没有。

🔵 你是否已经经历过初吻？

这是我自己的事情。

🔵 对你来说，什么是初吻？

这是一个举动。就像其他"第一次"一样，当它发生时你或许不会太在意，但后来又会对它记忆深刻，因为那是第一次。

🍬 假如让你想象一下你爸爸的初吻，你会想到什么？

我猜爸爸一定很晚才给出自己的初吻，因为他是一个为人处事非常认真的人。我敢说，当初他一定不是为了接吻而接吻，而是发自内心地想做这件事。

🍬 那关于你妈妈的初吻，你会想到什么呢？

妈妈应该不会像爸爸那样对这件事想得很多。从这个意义上来讲，我觉得妈妈的初吻会比爸爸的少几分认真。我想她很早就给出了自己的初吻，十三四岁的样子吧。妈妈喜欢找乐子——我说的"找乐子"可不是贬义词！年轻时稍微有那么一点轻率不是一件坏事。

🍬 当你与我们谈论感情和性时，有什么是你不喜欢的？

你们问得太多，而且那些问题常常令人相当尴尬，或者很傻，比方说："所以你的小心脏感觉到什么了吗？"

🍬 当你与我们谈论感情和性时，有什么是你喜欢的？

你们都很善于处理情感问题，也懂得如何措辞。因此，我要是真的遇到什么困难或是有什么特殊需要，就可以向你们请教，这一点挺好的。

🍬 父母应不应该向孩子提有关爱情的问题？

应该。他们未必能得到答案，但提问本身非常重要。

⬤ 请给想与孩子谈论爱情和性的父母提三个建议。

1. 学会在孩子小的时候就与孩子围绕这些话题展开对话并将其保持下去。另外，随着孩子渐渐长大，尤其当孩子是男孩的话，两代人之间会有一个渐行渐远的过程，不再能以一种自然的方式谈论爱情和性，这很正常。但保留一条沟通渠道非常重要，因为孩子即便不再与父母推心置腹，也一定会在需要时回到父母身边，因为他们信任自己的父母，知道他们能够帮助自己。

2. 如果父母之间有爱，就应该向孩子展示与爱人相处的良好模式。

3. 不要指望孩子会毫无保留地对你说出一切，因为他们只会对自己最好的朋友畅所欲言。父母不是朋友，而是另一类人。

⬤ 请给即将体验初吻的男孩女孩提三个建议。

1. 想清楚是否值得——亲吻还会有很多，但初吻只有一个，不要浪费。

2. 不要怀疑自己是否正在犯什么错误，不要相信那些试图教你如何行事的人。享受二人世界，一切都会好。

3. 让初吻鲜活地留在你的记忆里，思考它，讲述它，喜爱它，不要把它和其余的吻混为一谈，而要意识到它的价值。

阿莉切（十五岁）

🔴 **父母应不应该与孩子谈论爱情和初吻？**

应该，但不能多管闲事，也不要问得太直接。

🔴 **你是否坠入过爱河？**

没有。

🔴 **你是否已经经历过初吻？**

你们觉得我会回答吗？这样一来所有人都知道了。再说你们已经知道答案了！

🔴 **对你来说，什么是初吻？**

对我来说，它首先是你在自己身上实现的一种转变，其次才是你与另一个人共同完成的一次转变。

🔴 **假如让你想象一下你爸爸的初吻，你会想到什么？**

我觉得，初吻对爸爸来说算得上是一件"终身大事"。那一刻他已经等了很久，并且已经为它做好了准备。

🔴 **那关于你妈妈的初吻，你会想到什么呢？**

妈妈要更随性一些，是好的那种随性。她也是很认真的，但对她来说，接吻是一件可以说发生就发生的事情。

🔴 **当你与我们谈论感情和性时，有什么是你不喜欢的？**

我不喜欢当我正在对你们讲一件或许我好不容易才开口谈论的事情时，我还没讲完，你们就已经让我明白你们并不认同或是并不喜欢我正在讲述的东西。假如我感到自己正在被评判或是在哪方面犯了错，我就没兴致继续说下去了。我也不喜欢妈妈问我关于男孩子的事情，因为这会让我觉得自己不得不开口。我喜欢跟妈妈讲我自己的事情，但我希望决定这么做的人是我自己。我讨厌被强迫的感觉。跟爸爸谈论这些话题要更困难一些。他在我这个年纪的时候跟我很不一样——他更认真。还有，我不喜欢听爸爸开关于男孩子的玩笑。

当你与我们谈论感情和性时，有什么是你喜欢的？

当我和妈妈交谈时，我觉得她很喜欢听我说话，这一点挺好的。至于爸爸，我只有在遇到更大的问题时才会和他交谈。我非常信任他的建议。尤其是，他懂得如何在我难过的时候让我感觉好受一些。

父母应不应该向孩子提有关爱情的问题？

如果非要这么做的话，他们可以先讲讲自己年轻时的事情，然后再试着问："你呢？你有没有遇到过类似的事情？"

请给想与孩子谈论爱情和性的父母提三个建议。

1. 不要指望每次都能得到答案或是立刻就能得到答案。

2. 避免当着其他人的面提问。

3. 避免做鬼脸、发表评论或开玩笑。

请给即将体验初吻的男孩女孩提三个建议。

1. 要对你面前的那个人深信不疑。

2. 要充分体验自己的情感，避免在思绪混乱或神志不清的情况下接吻。

3. 要确定是你自己想这么做，而不是被别人说服要这么做。

彼得罗 (十二岁)

🔴 **父母应不应该与孩子谈论爱情和初吻？**

我觉得应该，因为假如你要跟一个女孩谈恋爱却又不知道该怎么做，你就得和父母聊一聊，听听他们的建议。

🔴 **你是否坠入过爱河？**

没有。

🔴 **你是否已经经历过初吻？**

没有。

🔴 **对你来说，什么是初吻？**

初吻是一次重大的体验，可能发生在不同的年龄。有些人很小就体验了初吻，也有一些人成年后才有这样的经历。

🔴 **假如让你想象一下你爸爸的初吻，你会想到什么？**

我不大记得了……但我知道那个吻很重要，因为你们两个现在还在一起。

🔴 **那关于你妈妈的初吻，你会想到什么呢？**

和刚才一样。

🔴 **当你与我们谈论感情和性时，有什么是你不喜欢的？**

要是只有我一个人，没什么会让我觉得讨厌。但假如旁边还有其他人，比方说我的朋友，这时你们要是说些什么，我就会觉得很尴尬。

🔴 **当你与我们谈论感情和性时，有什么是你喜欢的？**

我喜欢在你们的帮助下去发现以前不知道的东西。这些年我明白了许多事情。向你们提问时我觉得很舒服，毕竟……你们就是干这一行的！

● **父母应不应该向孩子提有关爱情的问题？**

可以问，但别问得太多，不然孩子会觉得受到了干扰。

● **请给想与孩子谈论爱情和性的父母提三个建议。**

1. 不要在所有人情绪都很激动的时候做这件事，而要选择大家都很平静的时候，比方说睡觉前，这样才能谈得更好。

2. 表达要非常清楚、准确，不然会把孩子弄糊涂。

3. 可以让某本书来帮你，因为光靠你自己没法说得很清楚。如果需要让孩子很好地明白你的意思，不妨拿一本书来举些例子。

● **请给即将体验初吻的男孩女孩提三个建议。**

1. 好好感受，因为那是一个重要的时刻。

2. 与得到你初吻的那个男孩（或女孩）保持亲密的关系。

3. 别让所有人都知道这件事，因为你需要一点隐私。

卡泰丽娜（十岁）

🔴 **父母应不应该与孩子谈论爱情和初吻？**

（笑）我不知道。我觉得，提些建议是有用的。

🔴 **你是否坠入过爱河？**

你们疯了吗？

🔴 **你是否已经经历过初吻？**

你们疯了吧！而且这得分情况。我亲过我朋友的脸颊，也亲过妈妈和爸爸的。亲嘴的话，从来没有。

🔴 **对你来说，什么是初吻？**

对我来说，初吻是你表明自己真的爱上一个人时的第一个举动。

🔴 **假如让你想象一下你爸爸的初吻，你会想到什么？**

（朝着爸爸）你的初吻是不是给了妈妈？你们都把自己的初吻给了对方，没错吧？我觉得，你吻妈妈的时候，心里会想："这是我一生的挚爱，我永远不会离开她。"

🔴 **那关于你妈妈的初吻，你会想到什么呢？**

（朝着妈妈）它是不是给了爸爸？假如不是，那你当时一定只是为了接吻而接吻。过了一段时间，你开始寻找对的人，最后选择了爸爸。

🔴 **当你与我们谈论感情和性时，有什么是你不喜欢的？**

当我看到电影里的那两个人兴奋地发出奇怪的声音时，我觉得怪恶心的。但跟你们聊过之后，我明白了假如你们不做那件事就不会生下我，所以我觉得那件事很重要。我真的不喜欢看那样的场面，但它是一件非常美好的事情。

⬤ 当你与我们谈论感情和性时，有什么是你喜欢的？

我很好奇，所以每次都会提很多问题，想知道更多。起初我以为你们从来没有做过电影里的那种事，但问过你们之后，我明白了那是一件正常的事情，所有父母都做过，对吗？当我跟你们聊这件事的时候，我发现你们很平静，这一点我很喜欢。

⬤ 父母应不应该向孩子提有关爱情的问题？

千万别盯着问，比方说每天放学后都问："你交女朋友了吗？有没有喜欢上谁？"假如你看见儿子跟一个女孩出去，别问他："你该不会是在跟那个女孩谈恋爱吧？"你可以问："你是不是对她有兴趣？"但不要马上就问，要过一段时间，而且要等孩子大一些，超过十二岁才能问。

⬤ 请给想与孩子谈论爱情和性的父母提三个建议。

1. 不要生气，因为假如你在生气，就没法跟孩子好好说话。

2. 永远不要说"哟，你喜欢某某（也就是你们认为孩子喜欢的那个人）"，因为那或许是他很久以前喜欢但现在非常讨厌的一个人。

3. 当孩子对你说"我喜欢那个女孩，但不知道该怎么做"时，假如你仅仅见过那个女孩一面或是只跟她说过几次话，千万别对你的孩子说："马上离开她！她可不是什么好女孩！"有些话，你必须非常了解那个女孩才可以说。而且就算她喝酒或是很没教养，你也绝对不能在只见过她一面后就说出那样的话。

请给即将体验初吻的男孩女孩提三个建议。

1. 初吻应该是法式的。

2. 要抱着坚定的信念。假如你不能确信对方是对的人，就一定不要献出自己的初吻。

3. 你嘴里的气味要好闻。

第一部分
思考篇

经典童话《青蛙王子》

第一章 一定不要回避谈论

棘手的话题

一想到我们的孩子在"性"方面变得活跃，我们就不寒而栗。这很正常。"妈妈，今天下午我能去卢卡家吗？""爸爸，今晚劳拉要来，我们要在卧室里看电影。"孩子们或早或晚都会开始探索新的人际关系，而当他们这么做时我们并不在场——相反，他们会与我们保持距离，并且要求我们信任他们。于是我们会感到惊恐。当孩子渐渐长大，变得更加独立自主和敢闯敢干时，我们会被许多疑虑和恐惧所困扰。我们担心他们会受苦，担心他们会选择错误的女孩或男孩，担心他们的关系会流于肤浅，还会开始考虑我们想象中的、与他们可能会有的性经历相关的种种可能发生的"不便"。假如我们希望当那一刻真正到来时，我们的孩子能以最好的方式体验情感、爱和性，那我们应该做些什么呢？

在孩子决定与某人发生性关系时，我们向他们明确指出需要采取的预防措施很重要。与之相比，性教育之路要错综复杂得多。假如你正在阅读本书，那么你显然不仅是在寻找关于预防措施的简单建议，而是想陪伴你的孩子走过这段开始得更早也更复杂的、由行动、言语和思想构建起来的旅程。

或许，你真正感兴趣的，是让你的孩子了解"性"是他们生命中一种独特而美妙的东西。好消息是，在这个意义上，你可以做的事情有很多："性"已不再是一种禁忌。因此，作为生活在第三个千年的父母，我们能够——而且必须——引导孩子以积极的方式看待和体验它。倘若"性"依旧被当作不可触碰的话题极少被谈论，倘若它对我们来说是陌生的，或是会引起我们的恐惧和尴尬，那我们的孩子怎么可能将它视作一种成长的方式，一种能帮助他们更好地认识自己和找到自己的方式？倘若我们把有关"性"及相关情感的每一次讨论都当作想要转手他人的烫手山芋，那我们传递给孩子的将会是什么样的信息？

我们都曾被某个意外的问题弄得措手不及，不知该如何作答，这很正常。一天晚上，我们全家正一起看一部喜剧片，见到两个人做爱的场景时，我们十岁的女儿一脸厌恶地问我们："你们也干那种事吗？"几个哥哥开始偷笑，似乎在说："这下看你们要怎么应对！"我俩对视了一下，以确认这次轮到谁来回答，然后肯定道："当然！这是一件美好的事情，所有相爱的夫妻都会这么做。"她脸上的表情没有变。"你还想知道别的吗？"我们追问了一句。她回答说不想，说她想继续看电影。每个问题都是一个挑战，但同时也是一个机会，可以让我们在自己和孩子之间建起一座桥梁，找到相遇的共同地带。

前阵子，一位母亲向我们讲述了一件在我们看来非常有趣，对她而言却远没有那么好玩的事情。几天前，在度过相当忙碌的一天后，那位母亲开始做烩饭。当她正在搅动锅里的调味菜时，她八岁的女儿突然走过来问："妈妈，什么是'多重高潮'？"那位母亲恨不得立刻原地消失。女儿以前从没问过她这样的问题，她真的不知道该怎么回答，所以只是简单勒令道："赶紧回房间把玩具收拾好！"鉴于命令的强制性语气，她的女儿马上照做了。

我们建议那位仍旧心绪烦乱的母亲问问孩子是从哪里知道"多重高潮"这个词的。她询问后得知，女儿是在祖母家翻看一本女性杂志时看到了这个词，她不理解这个词的意思，而她又是个好奇的孩子，所以就想问个明白。这一发现立即彻底改变了那位母亲的想法，因为她明白了女儿真正的需求是什么：女儿只是在那些她凭直觉感到与成人世界有关的词语面前产生了一种粗浅的好奇心。

她向女儿解释说，那个词与一个男人和一个女人用自己的整个身体去爱对方时所体验到的强烈情感有关。女孩认真地听着——这个解释对她来说已经绰绰有余。但这位母亲走得更远：

她告诉女儿，自己被她的问题吓了一跳，觉得很尴尬，因此没能立刻回答，自己需要一点时间来厘清思绪，但现在真的很高兴她们已经谈过了；她告诉女儿，她可以在任何时候问自己任何想问的问题，现在她们已经打破僵局，一切都会变得更加容易；她还告诉女儿，充满好奇心和想要理解各种事物是好事，"性"是一种美好且可以谈论的东西。

当孩子提出令人猝不及防的问题时，我们感到愕然是完全正常的，但这也给了我们向成长中的孩子传递某种信息的机会。具体传递什么样的信息取决于我们自身。倘若我们显得不安、发怵，或者哪怕只是恼火，我们的孩子也会立刻明白，最好不要就这个话题向我们提问。倘若孩子开关于"性"的玩笑时我们假装没听见，孩子就会发现，与他们谈论这个话题对我们来说是一件困难的事情。我们甚至曾多次听到类似的话从年幼的孩子嘴里说出来。每一个这样的场合都是谈论"性"的好时机，而我们成年人首先不应该退缩回避。

"性"是一个奇妙的宇宙，我们应该让那些正在成长的孩子知道这一点。

为何要从初吻谈起

初吻是每个人生命中的一个小小的点，与生命的整体长度相比，不过是短暂的一瞬。然而，那一瞬却包含了如此强烈的情感，以至于会在人们的记忆中留下不可磨灭的印记。至少，几个世纪以来，世间的男男女女不论出身，不论贫富，不论是受过良好教育还是目不识丁，在这一点上都能达成共识。同样，并非出于偶然，画家、摄影师、雕塑家、诗人、作家……也将不计其数的作品献给了"吻"这个主题。

这就是为什么我们想要从这里，从这个小小的点出发，来构建对孩子的爱情教育。经过适当准备、在正确时刻给出的初吻，是成长过程中的一个里程碑，是很可能会决定孩子情感道路走向的事件。即便是在"为了接吻而接吻"的情况下随便给出的一个（或几个）吻，虽说算不上人生的一道分界线，但也可以成为一种经验——以此为新的出发点，你会更加明确自己想在生命中孕育怎样的爱情。

从事发育期问题预防工作多年，我们注意到越来越多的成年人对自己孩子的"第一次"抱有执念。然而，如今的孩子需要的是一种情感教育，也就是说，不应局限于性教育，也要有情感方面的教育，这种教育应当把所有爱的举动都包括在内，而且要把它们作为一段需要逐步去体验的旅程介绍给孩子。面对一个十三岁的孩子，只谈"第一次"，认为这就是完整的性关系，无异于把此前的每一步，把为"身体的相遇"而做的一切准备工作都看得无关紧要。鉴于此种情形，我们有必要开创一门新的教育学——"初吻教育学"。

请闭上眼睛，回想一下你自己的初吻。它或许美好，或许糟糕，但所有人一定都记得自己的初吻，记得它发生的时间、地点以及周围环境的细节。尽管已时隔多年，你依然对它印象深刻，依然记得在经历它的过程中（以及此前和此后）体验到的种种情感，记得自己曾向谁讲述过它……但为何我们会记得如此清楚？对此是否存在科学上的解释？

你永远不会忘记自己的初吻

科学似乎证实了我们脑海中已然明了的想法：你永远不会忘记自己的初吻。美国一所大学的一项研究表明，接吻会使血液中应激荷尔蒙皮质醇的水平下降，爱情荷尔蒙催产素的水平上升。

而且这不仅仅是一个化学问题。嘴唇上有丰富的神经末梢，这使得嘴唇非常敏感，能够传送十分强烈的信息。倘若靠近一个不怎么熟悉的人的脸，过近的距离会令我们感到尴尬。试想一下，此刻你正在一个非常拥挤的电梯里，与一个素不相识的男人（或女人）的脸仅相隔几厘米——很有可能，你会发自本能地想把身体转向另一边，以使自己的眼睛和嘴唇离那个人的脸远一点。而倘若你与你所爱的那个人挨得很近，你则会感觉自己的双唇被对方的嘴唇所吸引。每当我们充满激情地接吻，我们所体验到的兴奋感都会使我们的心跳加剧，使我们的心血管系统得到锻炼，因为此时心脏要输送更多的血液，会因此变得更为强健、更有活力（顺便说一句，接吻还有助于我们保持身材，因为它会消耗热量）。

由于科学上的这些原因以及其他各种诗意得多的原因，初吻可以说是一种非常强大的情感冲击。它由在我们体内发生的各种化学反应所引发，并在这一系列反应的作用下变得令人难忘。这份初次的经历会在我们身上留下一个印记，为我们未来所有的吻留下一个可供效仿的范本——倘若你把初吻献给了一个很吸引你或是你厌爱的人，这一点就会愈加凸显。在这种情况下，"情感鸡尾酒"的效力真的会相当强大，能在两个人之间建立起一种深刻的关联。一些研究已经表明，将近五分之一的人即便时隔多年仍会与初吻对象保持联系，仿佛共同经历过如此重大的事件使得两人之间生成了一条永远割不断的纽带。另外，此后所有的吻都将与初吻形成对照。以上，就是为什么我们要教导孩子不应浪费自己的初吻。

谈论"性"永远不会为时过早

月经初潮（即女孩的第一个月经周期）和首次遗精（即男孩的第一次射精——或是梦遗，或是经由手淫）是前青春期性发育的客观可见标志。许多因素与这种早熟有关，例如：有超重和肥胖问题的未成年人数量的增加；生活环境中带有性意味的刺激物的空前增多。

确实，环顾四周我们便会发现，很多孩子在刚进初中时就已经经历身体上的重要转变了。

但你没必要等到青春期再和你的孩子谈论性——相反，连一天都不应错过。回想一下，你把自己刚出生的孩子抱在怀里，用杏仁油擦拭他（或她）的身体，以防孩子发生急性腹痛，同时也让自己享受抚抱带来的愉悦——信不信由你，早在那时，你对孩子的性教育就已经开始发挥作用了。你的抚摸会给婴儿带来一种愉悦和放松的感觉，这有助于他（或她）了解自己的身体是由哪些部分组成的，同时也会让他（或她）体验到与照顾自己的人的肌肤直接接触时的那种温柔感。此外，当你让自己的手在婴儿的皮肤上滑动时，你或许已经向他（或她）提及其身体各部位的名称了。帮助孩子了解自己的身体、说出自己的感受，帮助他们放松和保持良好的状态——这，就是性教育。

如今，性发育往往提前到来，月经初潮的平均时间与过去相比要提早四到五年，也就是在十一至十三岁发生。这一事实使我们不得不面对一个新的挑战：如何在孩子的思考能力和行动规划能力很大程度上仍处于休眠状态的时候，让他们做好管理如此强大的性能量的准备。这就好比他们有一个像赛车一样高速运转的身体，大脑却还处于脚踏车的水平。我们必须帮助他们，尽可能使他们的身体和大脑的发展能够差不多齐头并进，至少得避免二者彻底脱节。

孩子要成长到哪一步，才能独自决定自己的生活？答案是：成长到他们具备足够支撑他们独立行事的能力的时候。而要想做到这一点，只有"经历和反思"这一条路径。也就是说，要让孩子在做完一件事后能够与自己信任的人谈论所做的事情，进而训练自己的思考能力，培养对自身行为的认知能力。从这个意义上来讲，父母是训练孩子获得上述能力的首批教练员，童年期、前青春期和青春期则是开展训练的"时间场"。

几乎所有女孩在月经初潮到来时都会知道自己正在经历什么，并且，这一事件作为从女孩转变为女人的重要时刻，往往也会在家庭中得到庆祝。人们或许会借机向女孩透露一些解剖学和生理学方面的信息，但也仅止于此。我们经常会遇到这样一些母亲，她们仅仅想到要多解释几句就已经感到尴尬。此外，当谈到性关系时，很多人依旧会从蜜蜂和花朵说起，跟五十年前的情形没什么两样。当时，少数幸运的孩子会在一些关键概念上受到蜻蜓点水、拐弯抹角式的点拨——"阴茎"和"阴道"这样的术语会被芬芳且纯洁得多的对等的花卉术语（如雌蕊、花萼、花粉等）替代。借用这种自然主义的隐喻，我们自问：这种性教育的"春天"还要持续多久？为何我们迟迟无法进入"夏天"，无法迎来花朵转变为（充满生机、香气和汁水的）果实的季节？现在让我们抛开隐喻，直截了当地提出问题：父母要到什么时候才会觉得自己已经做好准备，可以用一种不太拐弯抹角、不那么抽象和概念化的方式与孩子谈论"性"？

如果说绝大多数女孩至少还有母亲、外婆或舅妈为她们提供一些基本信息的话，那么男孩则是在绝对的沉默中长大的。那是一片真正的性教育的沙漠。几乎没有哪位父亲会与自己的儿子谈论性发育、身体以及从童年期过渡到前青春期的过程中会经历的具体变化。母亲由于觉得自己已经亲自上阵与女儿聊过这个话题，这一回便想将父亲送进战壕，但后者并不知道该说什么，尤其不知道该怎么说。因此，父亲往往会速战速决，笃定地表示自己年轻时没有任何人向他解释过任何事情，但这并未妨碍他成长为一个有性生活的成年男子，成为某人的终身伴侣，甚至成为一位父亲。因此，直到今天，有百分之九十的男孩在首次经历遗精时，还从未与任何一个被他们视作参照者的成年人就这个话题有过交谈。

沉默和无知就这样传递给了我们的孩子。不过，使情况变得愈发严重的是下面这个事实：我们的孩子成长于其间的，是一个已经彻底改变了的世界。

说什么，怎么说，何时说
——性教育的几个阶段 [1]

以下这些基本要点可以帮助你为孩子提供适合他们年龄的性教育。

0～2岁

在这个阶段，性教育应该开展得很自然，与日常生活中的行为交织在一起。

帮助孩子了解身体是由哪些部分组成的。 在给孩子洗澡或换尿布时，你可以提及身体各部位（包括生殖器官在内）的名称，把它们作为身体美丽而重要的组成部分介绍给孩子。

3～6岁（幼儿园）

在这个阶段，身为参照者的成年人（首先是家人）要借助于孩子自身的经历对他们进行性教育。

教孩子辨识性别差异。 你需要从具体的经验（比方说某个弟弟或妹妹的出生）出发，陪伴孩子去探索生殖器官的结构，去发现男性和女性在生命中的不同阶段有着怎样的差异。（你可以问孩子："想象两个刚出生的宝宝——你怎么才能知道他们是男孩还是女孩？""想象一男一女两个大人——你注意到他们之间有哪些不同？"）

向孩子介绍与身体及其能引发的各种情绪有关的"美"和

---

[1] 这一部分的内容，我们参考了心理学家兼心理治疗师法比奥·韦利亚（Fabio Veglia）开发的以有效方式谈论"性"的叙述法。——作者原注

"愉悦"的概念。 做这件事情时，最好也要从日常经验出发。在两至四岁，儿童常常会触摸自己的生殖器。这个举动会让他们产生一种幸福感，但它与性兴奋并不是一回事，后者在很久之后才会出现。上述行为经常被称作"婴幼儿手淫"，但这个表述并不恰当，因为那实际上是一种无意识、重复性的动作，小孩子做那样的动作时通常心不在焉，这与他们吮吸橡皮奶头、反复揉搓自己的耳朵或是卷自己的一绺头发时的情形非常相似。然而，由于把这个动作理解成了真正的手淫，成年人往往会感到焦虑或惊恐。遇到这样的情况，重要的是帮助孩子了解以下这点：与我们身体的隐私部位有关以及与性有关的动作都是亲密且私密的。

此外，在这个成长阶段，你可以帮助孩子认识到，他们的身体可以给他们带来幸福而愉悦的感觉——每当我们拥抱自己的孩子时，他们都会产生这样的感觉 ①。不过，通过引导孩子进行一次放松练习，我们也能让他们体验到同样的幸福感。比方说，你可以要求孩子收紧肌肉（每次收紧一处并坚持几秒钟），然后再教他们放松身体的不同部位并集中精力去"感受"它们。给婴幼儿做按摩也是一种做法，可以让孩子开口谈论身体给他们带来的积极而愉悦的感受。（你可以问孩子："你喜欢洗完澡后我给你做的按摩吗？""你感觉怎么样？"）成年人和孩子之间的互动必须始

---

① 在《拥抱时刻》（*Coccolario*, De Agostini, 2017）一书中，我们对如何以最佳方式体验拥抱有更为详细的阐述。——作者原注（中译本见《拥抱时刻》，安子琪译，四川科技出版社，2019 年 5 月）

终尊重后者的情感，绝不能包含可能具有"性"性质的行为以及可能在此种意义上使孩子产生（哪怕只是隐隐地产生）困惑或不适的行为。

向孩子介绍一些自我保护的规则。 在帮助孩子认识自己身体隐私部位的同时，你可以向他们介绍一些简单的自我保护规则。例如："任何人都不能要求你触摸或展示你身体的隐私部位。""假如有人触碰你的身体或是做了什么让你感到不舒服的事情，你必须立即告诉妈妈或爸爸。"这些简单的信息只要不是被不断重复或是以一种会引起焦虑的口吻来传达，就能让孩子产生自我保护意识而又不至于感到惊恐。请把这些信息作为需要牢记在心的重要规则传递给孩子。

6～10岁（小学）①

在这个阶段，家庭传递有关"性"的信息和技能的非正式行动会得到学校提供的正式行动的协助与支持。

增加孩子对身体的结构和运作方式（包括生殖器官及其在发育过程中的变化）的认知。 孩子应该逐渐知道如何回答下列问题：生殖器官是如何工作的，它们有什么作用？什么是性发育，它是何时、如何发生的？男性和女性的发育有哪些不同？

向孩子解释婴儿是如何出生的。 你需要向孩子提供一些信

---

① 意大利的学制与我国不同，但两国基础教育各阶段对应的年龄之间没有太大差异。翻译时保留了原书的年龄划分方式和描述。

息，让他们明白两个成年人之间的爱情关系也会导致怀孕和生育。男人的精子是如何抵达女人的卵子并完成授精的？胚胎以及之后的胎儿是如何发育的？……孩子总是很喜欢听大人解释诸如此类的事情，会觉得相关讲述非常有吸引力。

让孩子了解应当循序渐进地去体验各种爱的举动，帮助他们在人生的不同阶段"按部就班"地行事。例如，需要提供的一个重要信息是："性"的有些方面只有在年龄更大时才能去经历，当下必须竭尽所能保护自己远离那些体验。假如你能要求孩子把不同的爱的举动放在人生的不同阶段去经历，能帮助他们认识到未来他们还有很多时间，眼下在有关"性"的问题上不应操之过急，而要遵循进化和成长的自然规律，那么，你就能为孩子提供一种与现今文化中的一些信息相抗衡的有效手段。

欢迎孩子提问。在这个阶段，孩子会接触到关于性的一些非常重要的概念。面对孩子的好奇心，你需要表现出随时愿意与他们对话的态度。随着新技术的大量应用，我们的孩子从很小的时候起就可能已经看到带有性意味的图片，这些图片会激活他们的身体，使他们产生深深的迷失感。在学校的性教育活动中，教室里通常会放置一个匿名提问箱，了解到孩子的脑中有那么多问题，会令人感到非常惊讶。

作为成年人，我们必须做到以下这点：不向尚未做好准备的孩子提前透露相关信息。比方说，如果一个孩子向我们提了一个在我们看来不适于他（或她）这个年龄的问题，那我们必须弄清楚他（或她）为什么会这么问，尤其要弄清楚他（或她）真正想从我们这里了解什么。在确定孩子确实有必要知道答案之前，我们应当避免立刻给他们提供过多的信息。但与此同时，面对他们的疑虑和好奇，我们必须表现出愿意给予回应的态度，并且始终选择讲述真相，而且要用适合他们的措辞来讲述。

强化自我保护的规则。我们需要向孩子重申："没有人可以要求你做让你感到不舒服的事情，或是要求你看让你感到不舒服的东西。好好听从身体的真实感受，如果你不喜欢某人的举动或触碰，你可以拒绝。每当有人让你感到不舒服或感到尴尬时，你都要立刻把这件事告诉一个你信任的成年人。"另一条重要规则是："没有人可以要求你保守一个让你感到不舒服的秘密。你永远可以向父母说出一切。"

11 ～ 14 岁（初中）

在这个阶段，性教育同样应该首先由家庭来提供，其次才是由学校的专门教育加以支持和丰富。

让孩子了解他们的身体是如何转变和运转的。应该如何照顾自己的身体？独自一人时，要怎么使用自己的身体和生殖器官？什么是享乐？以上这些是我们和孩子需要去面对的主要问题。

帮助孩子理解各种性行为。什么是"做爱"？怎样才能知道自己已经准备好了？在一段爱情中，准备好共享性生活的前提条件有哪些？什么是"手淫"？什么是"相爱"，什么是"爱"，什么是建立一种稳定的（甚至可以发展至组建家庭的）关系？为什么"尊重""同理心"和"责任感"是一段爱情以及两人发生性关系的三个基本前提？这些都是需要向孩子解释的问题。

教导孩子把自己当作爱情的主角。如何让别人明白你喜欢他（或她）？怎样才能知道某个人是否喜欢你？两人交往时应该如何表现？这些都是你需要帮助孩子去了解的问题。

让孩子知道做爱会产生哪些影响。性行为有着我们需要知道的影响和后果。任何干预性的教育都应让成长中的孩子明白，性行为有导致意外怀孕和感染性传播疾病的风险。此外，还需要让孩子知道如何避免产生这些后果。

互联网改变了一切

新媒体已经深刻地改变了年轻人获取性知识的途径。曾几何时，我们是在字典里寻找与性有关的词汇，而如今，互联网上的搜索引擎可以随时提供各种概念、图片和视频。这种易得性的副作用是，网上查到的答案不是针对特定年龄段的，也就是说，没有根据儿童的不同成长发育阶段以及与之对应的情感和认知需求对信息加以区分。为了更好地理解这一点，请看下面这个例子：假如美国著名性学家阿尔弗雷德·金西（Alfred Kinsey，

1894—1956）还活着并且决定在互联网上为他的研究做一些调研，他所获得的信息，与一个好奇的孩子在自己的智能手机上输入"性"这个字之后获得的信息将是一样的。两人会看到同样的文字、同样的图片和同样的视频，但与此同时，他们理解和处理这些材料的能力却有天壤之别。假如你还从未这么做过的话，你也可以试着输入这个字，看看一秒钟后你的屏幕上会出现什么。

　　充满好奇心以及希望体验兴奋感和其他各种情感是前青春期的自然特征。尽管这些特征与了解周遭世界的渴望有关，但我们不能把孩子单独留在虚拟的世界里，因为支配那个世界的逻辑不带有教育方面的考量。那不是一个受保护的环境，所以不是行使对"性"的生理好奇心的合适训练场。互联网是一个巨大的宇宙，足以容纳所有最好和最坏的东西，但孩子或处于前青春期的儿童没有相应的能力去辨别以及管理数量如此庞大的信息、材料和刺激。

　　调查表明，每三个孩子中就有两个会在初中阶段观看色情图片或视频。落入色情材料之网（无论是出于偶然还是有意为之）是十至十七岁这个年龄段孩子的常见经历，甚至在更年幼的孩子当中也越来越频繁地发生。有了智能手机，即便是年幼的孩子也能非常轻易地接触到色情世界。请想象一下，一个十一岁的男孩在一个夏天的午后和几个朋友一起出去玩。阳光太强，踢不了足球，炎热的天气也使人无法进行其他体育活动。这群孩子很可能会在阴凉处（比方说在树下或购物中心里）找一张长凳坐下，开始寻思要怎么打发时间。犹豫未决之时，每个人都会掏出自己的智能手机来玩——如今，当一群孩子在一起小聚或是当某个青少年单独待在自己的房间里时，他们都会自动进入这样的状态。在周围没有成年人监督的情况下，观看撩拨人心的图片可能会对他们产生强烈的吸引力，这样的举动也成为克服无聊的一条捷径。

那么，作为父母，我们能做些什么呢？在孩子按下搜索键之前和之后，我们这些成年人都有相应的任务需要去完成。

虚拟的爱情——一种新的恋爱方式

另一个令人十分堪忧、必须加以重视的问题是，我们的孩子或许并不在体验真实的爱情（我们将在下一章深入探讨这个问题），他们只需坐在自己的房间里，就能通过互发带有性意味的信息和图片，较为轻易地编织出虚拟的恋爱关系。简言之，有可能发生这样的事情：两个从未接过吻的前青春期儿童，却越界给对方发送自己的裸照。

恋爱中的陌生人

卢卡今年十三岁半，是一个初中三年级的学生，在学校里表现很好。他参加当地童子军的活动，还在教区青年俱乐部的足球队里担任守门员。在不了解他的情况下，从表面上看，你会认为他是一个有点害羞的小男孩，脑子里没什么怪念头，渴望经历有趣的事情，喜欢和朋友们待在一起——那些朋友绝对都是男性。的确，卢卡对女孩的世界向来不感兴趣。他的母亲很想弄清孩子是不是碰巧对谁有了好感，但卢卡已经跟她说过很多回，班上的女生全都令人讨厌。

安娜今年十四岁，住在离卢卡家一百千米开外的地方。她大方、自信、讨喜、有趣，热衷于社交网络。她在三个不同的社交平台上注册了账号，在三处都十分活跃。她发布自己的照片，与许多联系人网聊。她喜欢以诱人的姿态出现，她的照片曾多次收获数百个点赞。对安娜来说，这不过是一个游戏，仅此而已。她根本无意开始一段真实的爱情，但喜欢成为众人关注的焦点，喜欢自己因美貌而被人欣赏。

卢卡和安娜夏天在度假村里相识了——当时，正巧两人都和家人一起在那里度假。他们一起参加了旅游文化节的活动：在长达一周的时间里，两人和其他孩子一道做了许多事情，但从来没有单独行动过；除了礼节性的问候之外，相互间也没有说过任何一个字。不过，在一周的活动结束时，少年俱乐部的所有孩子都相互交换了电话号码。

三个月后，十一月的一个下午，卢卡在手机上收到了安娜发来的一条信息："嘿，还记得我吗？我们是假期里认识的。"

卢卡回复了。在一条又一条的信息往来之后，两个孩子决定"在一起"——一对完全意义上的虚拟恋人就这么诞生了。他们互发温柔的信息，借用表情符号给对方送上亲吻。然后，有一天，安娜给卢卡发了一张自己袒露胸部的照片，问他是否也能拍一张大胆的照片——只为了她。这个要求让卢卡深受触动，但他又怕自己会出丑。不过说到底，这一切都是假的——他们住在相隔一百千米的两个地方，区区一张照片又能惹出什么乱子来呢？卢卡给安娜发去了火辣的自拍，但在接下来的几天里，他感到这个举动削弱了两人之间的关系。"或许她是嫌我不够阳刚吧。"卢卡暗想，思绪中混杂着焦虑和羞耻。他不知道的是，安娜是一个"收集者"，喜欢收集在不同场合认识的男孩的"违禁"照片。她没有坏心眼，但喜欢撩拨男孩，尤其是像卢卡这样在她看来有点儿害羞和笨拙的男孩。而一旦得到想要的东西，她就会立马消失，去寻找新的猎物。

不过，有一天，安娜的爸爸在翻看女儿的手机时发现了这组令他难以置信的照片。他逼问安娜，让她交出了所有跟她交换过"违禁"照片的男孩的联系方式，然后逐一给这些男孩打电话，要求跟他们的父母谈话。他希望在不求助于邮政-通讯警察[①]的情况下，确保女儿的半裸照片从每个人的手机上消失，就像他已经把卷入安娜越界寻宝行动的男孩的"违禁"照片删掉一样。卢

---

① 意大利国家警察的一个分支，专门负责打击邮政诈骗和包括网络犯罪在内的信息犯罪。

卡的妈妈就是在这种情况下得知自己的"完美儿子"都做了些什么的——这个甚至都没勇气用一根手指轻轻触碰一下女孩的男孩，竟把自己的裸照发给了一个陌生的姑娘。

如今，我们的孩子在互联网上可能会显得非常早熟，并自欺欺人地认为此处一切皆有可能，但在实际生活中，他们或许都没法与令自己心动的女孩对视哪怕短短五秒钟。于是，就会出现这样的情况：孩子们越来越提前地在网上践行虚拟的性体验，但同时又对真实的性一无所知。我们已经在安娜和卢卡的故事里见到"Sexting"[①]（即交换包含大胆图片的信息）的现象，知道它与推进两人关系的动能之间有着紧密的关联。不幸的是，这一现象在前青春期儿童当中正在持续增加。

的确，我们的孩子如今越来越多地根据在社交网络上的见闻和经历来构建自己对于爱的观念，现实与虚拟、真实与虚构之间产生了大量的混淆。每天都有数以百万计的孩子把自己的照片发布在社交网络上，有时还会为了获得更多点赞而在拍照时摆出轻佻的姿势。这一现象是如此盛行，以至于当一个男孩或女孩对某个不认识的人感兴趣时，便会去网上搜索那个人的照片。这些被发布到网上的照片很难跳出由各路媒体定下的风格基调。"自拍"现象更是普遍，已经征服了包括大人小孩在内的所有人。

许多孩子在网上聊天的时间多于与人面对面交流的时间。即

---

① 该词将"texting（发信息）"的第一个字母 t 换成 s，从而嵌入"sex（性）"一词。

时通讯使我们可以在白天或晚上的任意时刻与近在咫尺或远在天边的人立刻建立联系。这种实时的联络方式使人们能够在一个奇妙的空间相遇——在那里，你会敢于做原本在对方目光的直视下难以做到的事情。我们通过手机确定恋爱关系，同样也通过手机来分手。"Ghosting"（即消失得无影无踪）是一种越来越普遍的网上分手方式。恋爱中的一方把另一方作为不受欢迎的联系人屏蔽掉，不再接听对方的来电和回复对方的信息，就这样在没有给出任何解释的情况下彻底消失。过去，人们会出门买烟，然后就再也没回过家——行事风格不同，但那些以如此突然的方式被抛弃的人心中却有着同样的惶惑。

我们的孩子很多时间都抓着手机。据一些研究估计，他们每天要查看手机百余次。这就意味着，他们与别人交谈的时候，与我们一起坐在车上的时候，学习的时候或是在电影院看电影的时候，很有可能同时也在看手机。他们可能会一边听朋友向自己吐露心声，一边跟进心爱球队的赛况并安排晚些时候要做的事情。现实世界的每一段体验中都缀满了突袭的虚拟元素，这种于无意间发生的规模或大或小的突袭正变得越来越常态化。

"数字原住民"所面临的真正挑战，是如何在极易获得性体验的现实人生中（在虚拟人生中更是如此）发展出关于性和爱的复杂思想。"大家都这么做"常常是这些孩子说服我们接受其要求时使用的衡量标准，但我们的任务是设定限制，训练孩子的思考能力和慎重选择的能力。赋予像初吻这样的举动以正确的价值，帮助成长中的孩子形成他们自己的爱情观，是我们成年人的教育任务。

经典动画电影《机器人总动员》

第二章　孩子的大脑、身体和心灵

依赖超链接、缺乏安全感、活在孤独中的"互联网一代"

要想在时下谈论初吻，首先需要了解即将体验这场"与爱情的第一次约会"的前青春期和青春期的少年儿童是谁。

最能体现新生代特点的一个方面是，他们从幼年起就已经开始大量使用与互联网相连的设备。圣地亚哥大学心理学教师琼·M.特文格（Jean M.Twenge）写过一本十分出色的名为《i世代报告》[①]的书，在书中对"互联网一代"作了描述。所谓"互联网一代"，指的是在步入前青春期和青春期时手里老是拿着一个"i"字母打头的设备（如 iPhone 或 iPad，泛指智能手机或平板电脑）的一代人。智能手机的普遍使用（这个现象已成

[①] Jean M. Twenge, *iGen: Why Today's Super-Connected Kids Are Grown Up Less Rebellious, More Tolerant, Less Happy — and Completely Unprepared for Adulthood*, Atria Books, 2017.——作者原注（中译本见《i世代报告：更包容、没有叛逆期却也更犹豫不安且迟迟无法长大的一代》，林哲安、程道民译，大家出版社，2020 年 4 月）

为一种流行病，自 2011—2012 年以来甚至可以说是一场大流行病）或许可被视作上述转变的象征。我们打发空闲时间的方式，我们的日常生活，尤其是我们的沟通方式，都发生了改变。在大量科学研究和调查的基础上，特文格概述了成长中的孩子的心理特征、习惯和兴趣，并强调了我们作为父母需要认清的一些关键问题。

在这个方面，意大利的现实与特文格在书中所描述的美国的情况没有太大区别，因为就技术的使用而言，整个西方世界已在相似的行为之下趋于同一。在美国，百分之三十的父母在孩子出生后的第一年里就已经开始借助智能手机来分散他们的注意力或安抚他们，百分之七十的父母会在孩子出生后的第二年开始这么做。[1] 在意大利，平均每十个孩子中有八个在三至五岁已学会使用父母的手机，百分之五十的青少年会让手机日夜保持开机状态。[2] 作为礼物收到人生中第一部智能手机的最常见的年龄是十岁，但很多时候还会更早。许多孩子在自己的房间里上网，身边没有大人监督。由于有无线网络并购买了多达数千兆字节的流量，他们的手机通常会一直连在网上。

所有这些，是如何对"性"这个维度产生影响的呢？对美国青少年生活习惯的分析显示，相较于过去，如今青少年生活中的

---

[1] 信息来源：《智能手机和平板电脑的风险（与机遇）》，载《儿科学》(Pediatria) 杂志，2018 年第 7—8 期，第 20—21 页。——作者原注
[2] 同上。——作者原注

浪漫关系不仅减少，而且还推迟了，与此同时，他们在"性"这个方面的活跃度也下降了（尤其是与十年前、二十年前和三十年前的同龄人相比）。第一次性行为通常发生在高中三年级和四年级之间 ① 的那个夏天。"第一次"的推迟使在青春期怀孕的少女的数量也出现了下降。在意大利，首次发生性行为的平均年龄在十六至十七岁——由此看来，直至几年前还普遍存在的过早发生性行为（尤其是男孩）的神话在意大利似乎也已告终结。作为父母，我们会说这是个好消息——我们的孩子会在年龄大一些（有时甚至大许多）时才经历他们的"第一次"，他们所面临的感染性传播疾病或意外怀孕的风险无疑也因此而降低了。

　　"迟到"现象似乎也出现在与成年生活有关的其他行为中：超过四分之一的青少年在完成高中学业时 ② 仍不会开车，这一比重要高于过去。父母面对经典问题"爸 / 妈，你能载我一程吗"时的配合态度，解释了为何如今大多数孩子要到高中五年级结束后才考驾照。当然也有开销的问题，但它似乎不足以成为出现这种时间延后的现象的理由。

　　为了解释这些变化，研究人员指出，如今的青少年更加孤独、消沉和缺乏安全感，这导致他们不那么有进取心，甚至在爱情关系和个人发展（比方说考驾照）方面亦是如此。他们无疑深

① 美国的高中是四年制，高中三四年级对应的年龄是十七八岁。
② 意大利的高中是五年制，高中毕业生的年龄是十九岁。

受安全问题的困扰。我们正目睹一场心理疾病的流行：如今的青少年更容易出现焦虑问题或感到真正的恐慌——从更广泛的意义上来讲，在面对涉及管理一定压力的新情况时，他们会表现得更为脆弱。简言之，在身体层面上，他们非常健康，但在心理层面上，他们的健康状况却空前糟糕。

"互联网一代"成长得更慢，需要受保护的时间更长，总体上更少与父母发生争吵。在家里，他们的表现如出一辙，仿佛与安全感相比，成长和拥有自主权对他们的吸引力要小得多。童年期、前青春期和青春期被认为是有趣而安全的。看起来，他们似乎缺少迈出去的意愿。

最新研究表明，在美国，处于高中阶段的青少年每天会把大约六小时的空闲时间花在新媒体（电子游戏、社交网络、上网冲浪等）上，十三四岁的青少年则是五小时左右。[1] 意大利的数据大同小异。在意大利，对新技术的依赖还引发了第一批网瘾诊所的建立，它们将为那些过度使用科技产品以至于完全不接触社会的孩子提供帮助。

如今，青少年花在写作业和阅读上的时间减少了。他们会在电视上看点播节目或使用流媒体，最常浏览的类别是视频，具体内容则取决于各自的喜好。"互联网一代"更少在现实世界中与

---

[1] 信息来源："监控未来"（*Monitoring the Future*）项目的项目报告（2013—2015 年）。——作者原注

朋友待在一起——他们在虚拟世界中共度时光，更少走出家门，那些在人际关系上面临更多障碍的孩子尤其如此（网络对他们来说是一种逃避方式）。孩子越来越多地通过社交网络表达爱意，而不是当面表达。据调查，在"互联网一代"中，使用科技产品更多的孩子幸福感和满意度更低，更感到孤独，也更有可能患上抑郁症。"互联网一代"遭遇霸凌或收到攻击性信息的风险非常大。我们面对的是在严密监视下长大的一代人，他们对安全有着强烈的需求，却经常被独自留在网络的世界里。

在你自己的孩子身上，你能识别出多少这样的特征？

你认为自己的孩子在多大程度上能有效地经营友情和爱情？

假如你想找到一条有助于孩子体验亲密关系和深层关系的路径，以上是你首先需要问自己的问题。

测试 | 家庭成员手机使用程度测评

此处，我们要向你推荐一项由十个问题组成的简短测试，它能帮助你对孩子使用手机的习惯加以思考。这项测试所有家庭成员都可以做。也就是说，不仅孩子能做，你本人也能做——通过它，你可以对家中科技产品的使用情况做出小小的评估。

调查研究明确指出，密集使用手机与发送色情图片或访问色情网站的风险的增加之间存在关联。此外，花大量时间上网对认知能力和人际交往能力有着负面影响。假如你想帮助孩子应对成长中的（尤其是前青春期的）挑战，就不要让他们一直把手机抓在手上。

请尝试阅读下面这些陈述。假如你没有对其中的至少五条给出否定的回答，那就请停下来思考一下你要如何压缩手机在你的生活中所占据的时间和空间。

	是	否
我从来不会把手机忘在家里。		
坐在餐桌旁时，我会把手机放在口袋里。		
与别人交谈时，我会经常查看是否收到了信息或接到了电话。		
和其他人一起乘车时，我会使用手机。		
当不知道该做什么时，我通常会靠手机打发时间。		
夜里，我会把手机放在床头柜上。		
我经常要求购买有更多功能和更大内存的新款手机。		
我不希望别人碰我的手机。		
我总是把手机抓在手上。		
在做需要集中注意力的事情时，我也会使用手机。		

你的回答中有几个"否"，又有几个"是"？假如你对十条陈述中的五条以上给出了肯定的回答，那你可能就需要好好反思一下了。倘若你在给自己设限时都觉得吃力，那你就无权要求自己的孩子改变其使用科技产品的习惯。

尝试给你的伴侣做同样的测试：有几条陈述与他（或她）的情况相符，又有几条不符？

最后，给你的孩子做这项测试，告诉他们这是让他们反思自己与手机的关系的一种方式。

就同样的十条陈述询问其他家庭成员对我们的看法，或许是一件很有意思的事情。另外，假如家中所有人（或几乎所有人）对绝大多数陈述都给出了肯定的回答，那就不妨制定一份家庭守则，规定在某些场合或某些时间禁止使用手机。

进化中的大脑

"性"是奇妙而复杂的，并不仅仅局限于性行为本身，还包括其他许多方面。在身体层面上，还有两个身体、两颗心和两颗大脑的纯粹靠近。在"性"当中不单有感官享受，还有温柔、保护、力量与和谐，这些方面对于步入前青春期的孩子来说尤其重要。

前青春期是一个丰富多彩且充满刺激的人生阶段。在这个阶段，大脑和身体都在发育进化，为指向未来新生活的种种设想做着准备。此时，身体会以一种比以往有力得多的方式向大脑"发话"，并且常常会牵制住后者。"荷尔蒙风暴"不仅是一种说法，也是一个生物学现象：男孩女孩感到自己的身体正在发生转变，使他们有了全新的体验和感觉。在这种新感觉的控制下，他们常常会依从更为直接的性冲动，但与此同时，他们也应该学会管理这些冲动，以一种自觉而成熟的方式去体验它们，也就是说将其由身体转移至大脑，而这，就是性幻想的作用之所在（我们很快就会谈到这一点）。

在近几十年里，神经科学已经很好地解释了以下这点：处于发育期的大脑在持续不断地转变，需要很多年的时间才能在功能上达到最佳状态。特别是从发育期起以及整个前青春期，也就是说在初中时期，大脑中与情感有关的区域（从解剖学的角度来说，即大脑的边缘系统，包括杏仁体和海马体）会经历一种高强度的加速发展。

然而，在这个时期，大脑中负责认知的部分（它的职责是让我们对自身的经历展开批判性的、自觉的思考）仍是极不成熟的。认知的成熟是发育期大脑产生连接（术语叫"突触"），大脑的不同区域相互沟通和整合的结果。随着连接的数量逐渐增加，孩子会渐渐获得对自我及自身行为的认知，获得更强的调节情绪的能力——这种能力在刚进入前青春期时是非常欠缺的，但在走向成年的过程中会慢慢提升。

认知部分的神经中枢位于前额后方的前额皮层。并非出于偶然，在聚精会神地思考颇费脑力的问题时，我们会不自觉地把手指撑在前额上，像是要给脑中正在紧张工作的这个部位做按摩。前额皮层有一些神经元，让我们具备能执行复杂行为的认知功能，如解决问题、抑制攻击性的冲动、与眼前之人的情感需求保持协调、预见自身行为的后果。简言之，我们通常所说的思想的真正驻地就在这里，但与大脑中负责情感的部分相比，它的成熟过程要缓慢得多。于是，处于前青春期的孩子经常会发现自己受制于自身的兴奋状态以及探索"性"的禁区的冲动，缺乏自我调节能力，无法根据自身发育的需求给自己设定明确的界限。

过于沉重的玩笑

保罗今年十二岁，因为老在班上搞恶作剧而出名。他喜欢根据同学支持的球队来捉弄他们。假如 AC 米兰输了球，那么，第二天上午，班上所有支持这支球队的同学就都逃不过他的恶作剧。尤文图斯的支持者也一样。只有国际米兰的支持者拥有豁免权，因为保罗自己也是这支球队的狂热球迷。

由于保罗表现出的这种"精力过盛"，数学老师已经盯他有一段时间了。这是一位作风绝对老派的教师，不苟言笑，非常严格，无法容忍学生由于粗心大意犯下的错误。她总是以将军般的姿态坚守在课堂上，每回走进教室都会摆出一副已经为进入战壕做好准备的架势。

一天上午，这位老师刚要在讲台前坐下，突然发现椅子上有一张纸，上面写着"2A 班的秘密"。她抓起那张纸，注意到纸的背面有一张照片，照片里是班上的四个女生，画面定格在她们在体育馆的更衣室里换衣服的某个瞬间。这张照片显然是偷拍的——有人躲在那扇可以俯瞰更衣室的天窗后面拍下了这一幕。照片里没有哪个女孩是赤身裸体的，四个人都穿着内衣内裤，但不管怎么说这仍是一个大问题。

这位老师明白自己必须迅速且讲究方法地进行干预——就在最近，她刚参加了一个培训课程，期间第一次认识到处于前青春期的孩子是多么脆弱，多么听凭他们情绪化的大脑（唉，它真的是太过强大了！）的摆布。但无论是谁策划了这个恶作剧，此人都必须意识到自己可能会面临十分严重的后果，甚至可能会被告发到邮政—通讯警察那里。

思索片刻后，老师面向全班同学做了一次讲话："我手上有一张纸，策划做出这件事的人甚至可能面临警方的调查。这个人如果能在课间到教师休息室来找我，跟我谈一谈自己的所作所为，我保证我们会以一种具有建设性的方式来解决这个问题，将每个人需要承担的后果降到最低限度。但如果到课间休息结束时还没有人来找我，我就会把这张纸交给校长，一旦查明是谁干的，将由校长决定下一步要如何处理。你们大可放心，事情的真相一定会浮出水面的。"

老师的语气庄重而坚决。保罗明白自己玩笑开过了头，这一回麻烦大了。在他眼里，这只是一个令人难忘的恶作剧，能把这个讨厌的数学老师和那四个被偷拍的女生一举"将死"。而现在，听到老师的这番话，见到其坚定的态度，保罗意识到自己可能会面临非常严重的后果，这一点完全出乎他的意料。一整节数学课，他都在深深的焦虑中煎熬。"或许还是去跟老师谈一谈的好。"课后，当看到老师走出教室时，他这样告诉自己。

在我们的学校里，每天都会发生许多这样的事，你方才读到的只是其中之一。像保罗这样干"蠢事"的孩子比我们想象的要多得多。在这些事件中，主人公身上所显现出来的，是在情绪化大脑的鼓动下行事的前青春期少年的典型心理机制。"我没想干坏事。"当被带到那四个女孩的家长面前时，保罗哭着说——为了避免此事被通报给警方，同时也为了让保罗能对自己的所作所为有个正确的认识，学校特意安排了这项教育性的调解流程。在做此事之前，成年人必须先碰个面，评估所发生的事情并商讨下一步将要采取的行动。大家发现，保罗虽然拍了那张"违禁"照片，却并没有把它发给任何人。此外，他的父母也保证那张照片已经被彻底删除，而且整个学期保罗都将不再拥有智能手机，只能使用一部仅有通话和短信功能的普通手机。

那天上午，那位数学老师和保罗在教师休息室里进行了一次长谈。保罗第一次认识到自己越过了界限——他总有那么一种用不大光彩的举动来吸引眼球的需要，但这样的举动很可能会转变为一支射向他自己的飞镖。在接下来的几个月里，一位心理治疗师也参与进来，帮助保罗提高自我调节能力，学会更多地考虑自身行为导致的后果。

在情绪化大脑的高速运转与认知功能缓慢且不完全的发展之间存在一种不对等。正是这种不对等，将那些第一次在身体和头脑中感觉到"性"的强大脉动的人置于麻烦之中，有时甚至是相当大的麻烦（在之前出版的一本专门谈论"前青春期"的书[①]中，我们将人生中的这个阶段定义为"海啸期"并不是毫无道理的）。但孩子必须学会管理这种力量。如果他们没有自控力，就会在感觉"上头"时非常轻率地追随自己的冲动，既不赋予其意义，也不通过任何自我调节对其加以筛选和过滤，就这样把自己或周围的人置于危险之中。

不仅在"性"这个方面，在情感发挥重要作用的各个生活领域，处于前青春期的孩子都面临如下巨大风险：他们不假思索地一头扎进生活提供的种种经验之中，试图充分把握和体验形形色色的感觉。根据我们的定义以及从神经生物学结构的角度来看，他们都正处于"海啸般的"年龄段，因此很难与各种情绪保持足够的距离，赋予其某种意义，对其加以消化和管理。他们知道如何把握时机，但往往缺乏真正的动机，纯粹只是为了逮住每一个机会去享受。这就是为什么他们会做虽然刺激却非常危险的事情，会投身于极端冒险的行为而丝毫不考虑其后果。杏仁体激活了他们，但额叶却没能给予他们指引，因为后者目前仍是"施工重地"。不过，这种轻率的敢闯敢干的行为未必是一件坏事：只有在这个年龄段，孩子才会对新事物如此敞开胸怀，如此充满好奇心，甘冒风险，愿意投身于各种尝试，随时准备着探索新的现实。

[①] 阿尔贝托·佩莱、芭芭拉·坦博里尼：《海啸期》（*L'età dello tsunami*, De Agostini, 2017）。——作者原注

在获悉涉及自己孩子或其同龄人的带有一定越界性质的事件时，作为成年人的我们常常会感到惊恐。或许，我们忘了自己也曾有过那样的时期，也曾经历过"感觉至上"的阶段，也曾使我们的祖父母和父母眼望苍天，绝望地说出下面这句评语："这孩子已经到了干蠢事的年龄。"此话道出了一大真理。伟大的心理学家大卫·埃尔金德（David Elkind）也曾用文字表达过类似的观点。他用"假性愚蠢的年龄"来指称人生中的这个阶段：此时，青少年尽管有逻辑思维和抽象思维的能力，却还无法做到将其应用于复杂的认知功能（比方说解决问题和拥有批判性思维）——这，正是尚在成型中的额叶的特点。

这就是为什么我们的孩子有时会做出与你所期望的截然相反的事情，以及为什么在现有的所有方案中，他们往往无法根据重要性来做出最优的选择，也不考虑自身的选择会带来的后果。总之，在年轻时做正确的事情是非常困难的。因此，回顾往昔时，你完全有可能发现自己听从了脑袋里冒出来的第一个想法，或是做了当时你周围的人所认为的正确的事情。

跟着幻想一起飞

性幻想是真正的训练场。在这里，孩子们可以训练自己去想象"性"对他们来说会是什么样子，以及他们将如何以最好的方式去体验生命中的这个维度。在幻想中，他们会想象自己尚未作出的种种举动，想象自己可能会置身其间的各类情境以及自己可能会作何反应。总之，这是一个一切皆有可能的开放空间。

性幻想应该循序渐进，随着孩子认知水平和经验的提升逐步演化。但面对新生代，我们会遇到一个问题：新媒体为他们的性幻想所提供的刺激，与他们的成熟度以及情感和身体的发育水平完全不相称。过去，女孩子会花数月时间想象自己的初吻的场景会是什么样子，男孩子则会一连数周痴迷于某个电影女星的影像，而如今，一切都变得更迅猛、更极端了。我们的孩子会在互联网上接触到不以年龄作区分的有关"性"的信息和资料，甚至会接触到令我们这些做父母的都目瞪口呆的色情内容，其中充满暴力，变态成为常态，常态不复存在。就这样，太多孩子从错误的大门迈进了性幻想的世界，不再理解哪些行为是常人所共有的，哪些行为则更接近于少数人的经验，而后者兴许正受到某种反常或病态的性体验的困扰。

因此，我们要与初尝性幻想的孩子分享的第一条讯息就是：在他（或她）的这个年龄，寻求性刺激和探索"性"是很正常的，但与此同时，至关重要的一点是，那些刺激必须与他们的发育水平相适应。发育期及其带来的各种转变会开启新的心理进程。它是一次"点击"，会触发对自己和他人的身体的欲望与好奇心，让孩子渴望去发现一直以来被隐藏和保密的东西。每个孩子都试图通过可供支配的方式找到自己的答案。事情向来如此。只不过，如今情况的紧迫性在于，孩子能够接触到的答案与他们理解这些答案的能力是不匹配的。于是，性幻想就变得漫无边际、难以管理。我俩不时会遇到经常头痛的孩子，随后便发现，这种病症与他们努力想将在色情世界中找到的刺激性过强的画面埋在心底有关。

对此，我们具体可以做些什么呢？我们必须根据孩子的实际情况为他们提供一个可以用来耕耘幻想的空间。面对一个刚开始发育的、处于前青春期的孩子，给出明确的建议是非常重要的。

一条黄金法则是："当你产生体验性兴奋的欲望时，不要求助于色情内容。"你可以用下面这番话来解释提出这一要求的原因："色情内容会使一切都发生得太过迅猛——才一眨眼的工夫，你就已经被极其强烈的感觉淹没，但随后一切就结束了，什么都不会给你留下。你必须训练自己的想象力，在你所经历的现实人生中找到你的兴奋点。比方说，当发现自己喜欢的女孩时，你会激动；一想到她，一想到她的笑容、她的脸庞和她的气息，你就会产生强烈的感觉。总之，对感官而言，色情作品是一颗威力过强的炸弹，可能会使你的感官产生混乱。听我一句劝：当你把自己关在卫生间里时，要把手机留在外面。"

即便冒着显得迂腐的风险，父母若能告诉孩子手机软件不应成为他们学习如何向女孩（或男孩）表白的唯一途径，对孩子来说也是有好处的。手机软件也不应成为我们与他人讨论问题、表达自己的观点或反对意见的主要工具。同样地，手机软件亦不应成为我们了解一个人并判断其是否适合自己的主要信息来源。

作为父母，我们必须给出明确的规定，以确保与"性"有关的探索和努力都能在成年人发挥重要监督作用的情况下向前推进，确保相关的尴尬之感能在成年人的引导下得到化解。我们应该帮助孩子培养一种具有美感（而不是徒具煽动性和越界性）的性幻想，也就是说，应该帮助他们接受这样的想法："性"不单是一个体验快感的机会，更是一个逐渐成长和发展的维度——随着你与另一个人的关系变得更加完整和复杂，应运而生的不仅是兴奋感，还有情感。能够滋养性生活的不止有刺激性的图像和场景，还有稳定而强烈的情感，而后者将使参与其中的两个人的身体、心灵和头脑得以始终联结在一起。

生活的能力

在生活中，知识很重要，但能力也很重要，尤其是实现自我的能力。就管理自身生活这方面而言，实现自我的能力产生的影响重大，因为它使我们能够主动确立自己的目标并有意识地去实现它们，这一点对生活中的各个领域（包括情感领域）都至关重要。不过，在情感领域实现自我是一项需要去训练的能力——我们成年人（既包括父母，也包括教育工作者）应当承担起这项任务，把它视作我们整个教育计划的一部分。

那么，需要具备怎样的能力才能实现自我呢？

世界卫生组织（简称"世卫组织"）已经确定了我们在生活中需要具备的主要能力，并建立了名为"基于生活技能的教育"（Life Skills-Based Education，简称"LSBE"）的教育模板。世卫组织把这些能力称为"生活技能"，意思是说，这些能力加在一起，就能使一个人管理好自己的生活。对处于发育期的青少年来说，这些能力既关乎"自处"（即一个人与自己的关系）的层面，也关乎"相处"（即一个人与他人的关系）的层面。其中一些能力是认知方面的（如解决问题的能力，做决定的能力，以批判性和创造性的精神行事的能力）；另一些能力则关系到性格和情绪的领域（如阿尔伯特·班杜拉[1]提出的"自我效能"，马丁·塞利格曼[2]定义的"乐观主义"，自我尊重的能力，管理情绪与日常压力的能力）；还有一些能力更多地指向社会关系（如同理心和沟通能力）的领域。世卫组织认为这些能力对每个人的成长而言都是不可或缺的，它们也是一个人想要获得并保持全然的幸福状态所能使用的主要"工具"。

---

[1] 阿尔伯特·班杜拉（Albert Bandura，1925—2021），加拿大裔美国心理学家，"自我效能"概念最早的提出者。所谓"自我效能"，是指个体对自己为达成特定目标而执行必要行为的能力的信念。

[2] 马丁·塞利格曼（Martin Seligman，1942—　），美国心理学家、教育家、作家，被一些人视为"现代积极心理学之父"。

并非出于偶然，流行病学研究、行为学研究和临床研究也已经表明，在生活中（特别是在发育期）面临最高风险的，是最不具备这一系列能力的人——这里所说的"风险"，同样也指与草率发生性行为有关的危险。一般说来，那些在人际关系和个人生活方面存在问题的人，也正是拥有较少"生活技能"的人。

为我们一生所需的能力草拟一份人皆适用的全面清单并非易事。在通俗读物、科学和学术出版物以及其他各种信息渠道中，这样的清单数不胜数。此处，我俩选取了一些我们认为对成长中的人来说至关重要，应该在童年期的后半段（六至十岁）、前青春期（十一至十三岁）和青春期（十四至十七岁）作为情绪教育、情感教育和性教育计划的一部分建议孩子获取的能力。

- **自我认知和自我意识。** 它指的是加深对自己以及对自身性格的认知，因此是所谓的"自我认知智能"（Interpersonal Intelligence——换言之，它与我们自身有关）的一部分。它可以帮助我们更好地了解自己的优势和劣势。它激励我们追寻自主的人生，因为成长意味着学习新事物、承担更大的责任、亲自应对挑战和风险。这项能力在情感教育和性教育的领域非常重要，因为它有助于孩子进行自我调节、为自己做决定以及为来自他人的要求设定界限。

- **管理情绪。** 它包括识别自己和他人情绪的能力，以及了解它们是如何影响我们的行为的能力。识别和管理自己的情绪不仅是获得幸福的前提条件，也是进行自我调节和拥有健康体魄的前提条件。此外，懂得如何与自身的感受保持和谐是学习如何与他人的感受保持和谐的基础，而这一点对建立情感纽带和"性"方面的关系非常重要。

● **创造性思维和批判性思维**。这些是认知方面的能力，它们对做决定和解决问题的能力有着直接的影响。它们使我们能够扩大自己观察世界和事物的视野，发展出一种独立的、有时有别于他人的思维。这让我们能够规避选择性盲视与僵化定型的观察方式（这种观察方式会导致我们以单一视角看问题），还能防止我们被动地接受所处社会文化背景中的典型刻板印象（包括性别方面的刻板印象——这一点我们将在本章的后面部分讨论）。换句话说，这两项能力有助于成长中的孩子"用自己的大脑去思考"。

● **做决定和解决问题的能力**。这项认知能力使孩子能够自主地做选择，依照自己的意愿和动机行事，而不必顺应他人的期望和社会压力。此外，当孩子面临选择时，这项能力可使其不会凭一时的冲动行事，而是会学着考虑所有可能的选项，独自（或与他人一起）评估每一种选择的后果和影响。不难想象，有意识、负责任地采取行动的能力（它在"性"这个领域至关重要）正是建立在上述能力之上的。

● **有效沟通**。它是一种用语言和非语言的方式有效而恰当地表达自己的能力，可以让对话者充分理解你想说的内容。它允许表达观点和愿望，也允许表达需求和情感。尤其是，这项能力为有效的交流奠定了基础，因为那些在交流中懂得如何使自己被理解的人，也会愿意倾听和理解对方。如果不能共享一种有效的沟通方式，就不可能真正地与另一方建立关系。

● **同理心**。它能使我们感受到对方当下的情绪，这一点在社会生活中至关重要，因为它能让我们与生活在自己周围的人的内心世界保持和谐。这是对霸凌、专横行为和伤害事件的最佳预防方式，因为如果霸凌者或施暴者无法意识到自己给受害者造成的痛苦，这样的事情就会一再发生。

● **协商能力和冲突管理**。这指的是当我们与他人发生言行或其他方面的冲突时，与他人进行交涉的能力。懂得如何协商，使我们能够在不诉诸肢体或语言暴力的情况下化解摩擦。不过，前提是：我们要知道如何调节自己的情绪（尤其是管理愤怒），如何建立对话并做出旨在与对方合作的决定，避免与那些挑衅或攻击我们的人一争高下。每段情感关系中都包含冲突的成分。训练成长中的孩子以健康的方式管理冲突至关重要，因为这会使他们有能力应对危机时刻抑或一段恋爱关系的终结。

测试（兼小型研讨会）| 你是否已经做好迎接初吻的准备

　　有些技能是十四岁左右的孩子应该已经掌握的。根据世界卫生组织提倡的"生活技能"，我们尝试创建了一项你可以推荐给孩子做的测试，通过它，你可以了解孩子目前处于怎样的发展阶段。不要把它看得太严肃——这只是一种轻松的自检方式，可以让孩子明白爱是一种需要他们全身心投入的情感。孩子掌握的技能越多（哪怕与爱情没有直接的关联），日后就越有能力与他人建立纽带。

　　为了让孩子对照不同的生活技能进行评估，我们列出了一些问题，它们将促使孩子去思考自己各项技能的发展水平。针对每一项技能，他们都需要阅读一组问题，然后问一问自己，自己的该项技能是否已经达到足够的水平，如果是，就在对应的小方框内打钩。完成测试后，数一数打钩数目。你可以看看你的孩子自认为有多少项技能的水平是合格的，并尝试和孩子一起讨论得到的结果。

你是否有能力……

与人争论 □

🔵 你知道如何告诉一个人你不同意他（或她）的观点又不至于冒犯对方或者表现失控吗？

🔵 假如你冒犯了某人，你能做到向对方道歉吗？

🔵 在与别人争论时，你仍能记得倾听并理解对方吗？

信守承诺 □

🔵 假如你表示愿意或计划为别人做某件事情，你是可靠的吗？

🔵 你常会因为没能信守承诺而被人指责吗？

倾听 □

🔵 当别人正在向你讲一件很重要的事情时，你能做到保持安静并将注意力集中于听对方向你讲述或暗示他的话语和情绪吗？给你的某个朋友打电话，问问他（或她）是否认为你是一个懂得倾听的人。

谈论自己的情绪 □

🔵 假如你感觉到某种情绪（可能是正面的，也可能是负面的），你能做到与周围的人分享自己的感受吗？

🔵 你说过类似"我感觉好极了！""当……时，我感到非常生气""我很紧张，因为……"的话吗？

整理床铺 □

🔵 你知道如何仔细整理床单和被子，使它们看起来很平整吗？

向你的父母求证你在这一点上是否做得足够好。

制造惊喜 ☐

- 在最近一年的时间里，你是否至少给别人制造过一次惊喜（既可以是为朋友或家人准备的小惊喜，也可以是派对这样的大惊喜）？

做面条 ☐

- 你是否尝试过给自己做一份面条？
- 你是否自己动手调制过某种独特的面条酱汁？
- 你对结果是否感到满意？
- 其他人对你的独家配方是否表示赞赏？

了解自己的优缺点 ☐

- 列出自己的五个优点和五个缺点，然后向一个熟悉你的人求证你列得对不对（假如得到对方的认可，就在小方框内打钩）。

培养一种爱好 ☐

- 你懂得如何主动给自己培养一种兴趣爱好（如音乐、舞蹈、足球、绘画等）吗？

忍受辛劳 ☐

- 当你不得不去做一件需要热忱、决心、努力和毅力才可能完成的事情时，你对所需付出的辛劳有多大的承受能力？

从对肢体接触的需求出发

要想帮助孩子成熟地体验"性"并有意识地对其加以管理，身为父母的我们应当从孩子每天都会表现出来的对肢体接触的需求出发。

在中学的班级里开展工作时，我俩经常会察觉到一种普遍的兴奋状态，其中也包括运动兴奋。男孩会有一种相互触碰、推搡以及像模拟摔跤那样紧紧抱住彼此的需求。当然，这种行为可能是他们心不在焉地想做其他什么事情的表现，但更多时候它表达了一种对肢体接触的需求。

与女孩相比，男孩表现出这种需求的难度要大得多。在学校的走廊或城市的街道上看见两个小女孩手牵手或手挽手地走在一起是很正常的；关系不错的女生每次见面时拥抱亲吻已经是一种惯例；关系特别好的女生伤心时相互搂抱、从对方那里寻求抚慰也很正常。这些肢体接触给她们带来了愉悦的感觉，让她们感到自己被朋友的爱所包围，这一点在这个年龄段是很重要的。

对于男孩来说，情况要复杂得多，因为男孩极少相互搂抱。男孩之间很难做出牵手或拥抱的举动，尤其是在前青春期阶段，这就是为什么他们不断需要把手放在对方身上，需要进行"打斗"。一言以蔽之，我们每个人都需要肢体接触，而且每个人都会找到自己的方式对这种需求做出回应。

爱的前提是具备感受深刻而亲密的友情的能力，这类友情是由倾诉、手势、自我克制、争论以及包括搂抱在内的肢体接触构成的。从幼童到处于前青春期的孩子，他们都需要感受到自己被需要和被渴望，以至于没有收到邀请或没有接到电话都可能成为他们的一段悲惨的经历。"我真的是你最好的朋友吗？"他们常常会这样问。在这句问话里，有对获得保证的深切需求，以及对另一方爱自己不如自己爱对方那么深的担忧。

所有这些，都应该在初吻之前去经历。因此，假如我们真的想对自己的孩子进行情感教育和性教育，我们必须支持他们与他人交往，以便他们开始建立自己的情感语汇。我们首先要与孩子谈论他们的友情，谈论我们每个人在生命中的各个阶段都会有的对被爱的渴望。

厨房里的即兴对话

一天晚上，当我俩收拾厨房时，我们的女儿阿莉切（当时她七岁）让我们真真切切地感受到了谈论"相亲相爱"这个话题的重要性。

"你们觉得凯蒂娅是我可以信任的朋友吗？"她冷不丁问我们。我们对这个问题感到吃惊，问她怎么会突然问这个。

"不知道，"她回答说，"我正好想到。"

我俩也来到桌边坐下，因为这个问题看起来对她真的很重要。爸爸对她说："这是一个很棒的问题，但我没法给你答案。你觉得，一个朋友需要做什么才能获得你的信任？"

她说："她得和我一起玩，不可以捉弄我，要是我在尿尿时让她把着厕所的门，她不可以走开……"

"凯蒂娅做不到这些吗？所以你才不再知道她是不是你真正的朋友了？"

"不，她对我一直很友善、很好！可是昨天，她让我闭嘴，说我话太多了。我很受伤，因为她是当着所有人的面这么说的。"

妈妈插话说："好吧，她这样对你说话不是很友好。虽说有时你的话的确有点多，但……"

阿莉切笑了："没错，我是个话痨……我喜欢聊天。"

"那凯蒂娅跟你一起玩吗？"爸爸捡起了先前的对话。

"这还用问吗？在学校，她一直和我待在一起，还说了好几次，让我去她家玩。她说我是她的知心朋友。"

"这说明她很爱你，即便有时她会对你说些你不爱听的话。你应该试着告诉她，她那样对你时，你感到很受伤。"

"但事情已经过去了，我不想跟她谈这个。而且她可能会难过的。"

"那这样好了，"妈妈建议道，"如果再发生同样的事情，我们就谈一谈，看看你能做些什么。你会发现，如果你跟她解释一下，她就会更加注意的。"

"好的。抱歉我得走了，电影要开始了。"

围绕看似平淡无奇的小事展开的即兴小对话，就这样成了支撑起更为推心置腹的谈话的脚手架，孩子由此向我们吐露的秘密将需要我们花费远比这更多的心力去应对。此外，我们必须训练自己去揣测每一个孩子的头脑和身体里都在发生什么，因为他们彼此之间的差异大到令人难以置信。

应当淘汰的刻板印象

当我们进入情绪教育、情感教育和性教育的领地时，非常关键的一点是密切关注性别差异，关注有关"什么是男性的"和"什么是女性的"的刻板印象仍占主导地位的众多领域。"男性的"和"女性的"是两个已经完全被市场营销战略家所占领和侵蚀的范畴。这些人利用这两个概念来激起特定的冲动，鼓动人们去购买这样那样的产品，理由是其能充分凸显"男子汉气概"或非常"时髦"。我们（连同我们的孩子）正遭受着信息的轰炸，这些信息把男性塑造成狩猎者，把女性塑造成落网的猎物，男人不问自取，女人则在如此强大的力量面前投降归顺。事实上，这些也往往是色情内容中反复出现的刻板印象，同时被挪用至其他领域。

几年前，美国心理学协会（American Psychological Association）在一份专题报告中谴责了持续施加在女孩身上的过早性别化和成人化的影响。换句话说，针对女孩的流行文化产品侵入了她们的想象，促使她们感觉自己已经成年，在比自身年龄所要求的早得多的时点就表现出性方面的兴趣。经由这种途径，女孩发展出某些行为，并对自身形成了某些坚定的看法，但这些行为和看法可能是有害的。

面向女童和年轻女孩的视频、广告及产品全都建立在一种对于性别的刻板印象之上，它从女性年幼的时候起就让她们相信，为了获得他人眼中的价值和热度，她们至少必须显得漂亮，更别说性感和可供结交了。这一当务之急导致她们将很大的赌注押在展示自己的形象上，这一点从她们在社交网络上发布的照片和信息就可以很清楚地看出来。互联网上满是针对她们的教程和指示，怂恿她们拍摄挑逗性的、肆无忌惮的自拍照片，一门心思地表现强烈的诱惑性，但在这个成长阶段，她们还没有能力管理这一举动在人际关系方面造成的后果——这些后果将不仅局限于虚拟世界，也会波及现实世界。

这一切又是如何入侵我们的生活的呢？

第一重危险是自恋情绪的偏移。女孩已经习惯于在不断寻求关注的过程中耗费巨大的情感能量和精神能量，坚信自己的价值取决于被人仰慕的程度。假如你的女儿正处于前青春期，或者假如你是一位初中教师，那你就不难理解这种对"如何向他人展示自己"的过度关注：每天都需要化妆（即便是那些已经非常漂亮的女孩也未能幸免），在服饰和搭配上花费大量时间，害怕因为衣着不符合主流审美标准而遭到嘲笑，对头发（染色、烫卷、拉直，凡此种种）和身体（除毛、洁面……）做护理。所有这些小动作都表现出她们在有所选择地关注自己用以示人的外表。而且，受影响的不仅是女孩——这些行为在男孩群体中也在增多，特别是处于青春期的男孩。

另一重危险是，女孩越是关注他人如何评价自己，就越是与自我脱节。自我掌控，也就是在纵观自己的内心和外表后认识到"我有我的价值"，是每个人都必须学习去为自己赢得的，也是自前青春期起的基本发展目标之一。然而，在上面这些例子中，个体仿佛持续为他人所掌控，导致其自尊心逐渐被侵蚀，无法确定自己的身份，还可能会使最易受外界影响的那些人为自己建立虚假身份，一种不是围绕自身而是围绕他人的期待和意愿去塑造的身份。简言之，在身为父母的我们希望教导女儿"成为她们自己想要成为的人"时，世界却在用各种信息对她们狂轰滥炸，引导她们成为别人想要她们成为的人。

情感教育与此关系紧密，因为无法认清真实的自己也可能会在情感领域引发问题。这些女孩最终可能会向伴侣所强加的爱与性的脚本靠拢，因为那些伴侣声称只有她们变成他们想要的样子，他们才会爱她们。这被称为"情感操纵"。如今，在科学文献和我们治疗师的研究中，这个主题比以往任何时候都更受关注。不幸的是，与此同时，它也以前所未有的频率出现在犯罪新闻中——你常会听说这样的故事：一些女孩适应了充满暴力的恋爱关系，对践踏她们尊严的伴侣产生了依赖，有时甚至引发极端的后果。

对女孩滥施权力和暴力的问题，必须与年轻男性一起去解决。如今，男孩仍在继续接收种种性别模型，男性在其中被塑造成不断追扑异性猎物的性狩猎者。这种刻板印象在色情内容中被夸张、放大，而这些作品恰恰会被处于前青春期的男孩用来满足他们对性刺激的需求以及对性的好奇心。这些孩子只消点击几下，不出几秒，眼前就会涌现出海量的男性把女性当作玩偶取乐的图片，图中是一具具供人摆弄的躯体，男性往往无须表现出任何尊重或经过任何协商就可以在这些身体上施加充满暴力的性行为，因为这些男性似乎认为他们想要的一切都应当属于他们，倘若女性不想给，他们照样有权取走。仿佛这还不够糟糕似的，在色情内容中，你经常会看到女性试图拒绝，但最后还是遵从了男性的欲望。我们的孩子会从中获取什么样的信息？尊重、同理心和责任感本该是任何一段性关系的三个必要前提，可眼下的情形却会让孩子觉得它们也并非那么必不可少。

总之，男性遭到各种信息的轰炸，这些信息都在鼓励他们拥护大男子主义的脚本，并扮演那个英俊而邪恶的角色，该角色从来无须向旁人提出请求，因为无论他想要什么都可以直接动手去取。与此同时，他们却从未受到有助于理解爱情关系和性关系的亲密与情感层面的正面刺激。我们的确非常需要性别教育，以帮助年轻人挣脱刻板印象的束缚——他们往往未经任何批判性思考，也不曾深思希望成为怎样的自己，就轻易接受了这些观念。这就是为什么在本书的第二部分，我们选择了一些关于初吻的故事，试图分别从男性和女性的视角来阐释这一体验。

我们认为，本书的一个创新之处正在于它也为男性提供了具有情感价值的故事。女孩可以读到大量专门为她们而写的富含爱意与情感的文学作品，因此更容易找到言辞来表达自己的感受。男孩面临的情况则不同：比起对情感的叙述，为男孩提供的书籍、电影和电子游戏总是更侧重于行动。男孩缺乏这样的故事：故事中的男主人公懂得如何讲述自己的深层冲动（而不仅仅是用行动去落实它们），懂得如何将情绪转化为语言（而非冲动之举），用语言（而非拳头）来表达愤怒，懂得为自己争取伤心和哭泣但不会被视作"娘娘腔"的正当权利。男孩的世界中缺乏这样一种男性形象：他们有能力驾驭自己的情绪和情感而不会对其心生畏惧，不害怕在寻求帮助时显得脆弱。只有通过此类故事、范例和典型来拓宽男孩的想象，我们才能在未来拥有一批全面掌握正确情感技能的成年男性——唯有这些技能，才可将色情内容中所推崇的"性的行为"转变为一种亲密而富含情感的"爱的行为"。

法国经典电影《初吻》

第三章 说什么，不说什么，以及怎么说

　　现在，我们抵达了痛点：如何与孩子谈论"性"？在这个问题上，不存在放之四海而皆准的现成话语。一个能吸引某个孩子的注意力的问题，也有可能会让另一个孩子感到非常恼火。面对同样的挑衅，我们可能需要用短暂的沉默来应对，也可能需要提高嗓门、语气坚决地加以回应，一切都取决于越界者是谁，以及越界的原因是什么。那么，我们怎样才能在性教育领域成为可靠而有权威的成年人？我们需要具备怎样的素质，才能成为对我们的孩子或学生有帮助的谈话对象？首先要做的，是在我们自己身上下功夫。

　　在本章中，我们将展开一些反思，使每位读者都更能从内心深处认识到自己可以成为一名优秀的教育者。我们将致力于建立一种积极的态度，使那些成长中的孩子更愿意跟你谈论与性和感情有关的问题、想法、疑虑及好奇心。接下来的每段文字都在邀请你"照镜子"，了解自己，了解自己的故事、信念以及迄今为

止在性教育方面所做的一切，然后伴着这些新发现重新出发。

你可以找出最合适的方式来与你的孩子或学生谈论"性"，使自己变成一个值得他们效仿的成年人，一个在面对如"性"这般美好的生命维度时不会退缩、回避和心生畏惧的成年人——一切的一切，都取决于你自己。

从你自己的体验出发

对于正在阅读本书的你而言，初吻是什么样的？是何时给出的？给了谁？当时的情况如何？在阅读这串问题时，你的脸上很可能会浮现出笑容。除去极少数例外，回想初吻经历都会将我们带回我们生命中经历关键转变的时刻——那是一件过往之事，但同时也继续存在于我们体内。事实上，对许多人来说，初吻都是生命中的一个分水岭。在经历它之前，爱情只存在于梦境和幻想之中，有无数问题绕着它打转：何时才是给出初吻的正确时机？我将把初吻献给谁？我做不做得到？我的嘴唇和舌头该怎么动？我的手该放在哪里？几乎所有人在前青春期和青春期早期都问过自己诸如此类的问题，直到初吻最终降临。那么，之后呢？之后，一条新的道路就此展开，你将出发去探索此前仅停留在想象中的种种爱的举动。

要与孩子谈论"性"，你必须对自身的性体验有一个良好的认识。这并不意味着只去考虑那些积极的、让你得到收获的体验，而是要了解自身的内在心理机制和脆弱性。你需要有能力将自己的过去当作一个整体来回顾，其中既有美好的体验，也包括你曾犯下的错误和你为重新站起来所付出的努力。特别是如果你经历过分离或重要恋情的终结，你就有必要梳理导致失败和引起不适的原因——只有这样，一个人才有可能迎来更为幸福的新恋情。

你必须不断训练自己去反思过往，也要让你的孩子对它有所了解（这一点不仅适用于父母，也适用于教育工作者）。这并不意味着你要与孩子分享自己的性生活的种种细节——对孩子来说，父母卧室的门应该永远是关着的。然而，你必须能够与孩子谈论你们是如何一步步建立起这种情感纽带的。这个过程对于传递如下信息至关重要：性行为在一段旅程的最后才会发生，在这段旅程中，两人之间的关系是一点一滴建立起来的，直至达到最深的亲密程度。因此，在做好准备的情况下体验第一次性经历是很重要的，不应草率为之，否则就有可能将其白白糟蹋。

一位母亲与女儿的谈话（片段）

此处，我们想给你举一个例子。在这个例子中，一位母亲尝试与自己的女儿沟通，了解她正在经历些什么。她采用的方法是向女儿讲述自己在女儿这个年纪时经历的事情，讲述自己有过怎样的初吻和情感纽带，以及随着时间的推移，她对自己当时的行为有了怎样的理解。这位母亲通过反思自身的经历，明白了当初那种亲吻别人的愿望实际上是一种对获得关注的深切需求。

"我像你这么大的时候，长得挺漂亮。是外婆告诉我的，这么说的不只她一个，我的女生朋友也这么说。但我既不觉得自己好看，也不觉得自己难看。那时总有那么几个男生在追我。其中有我喜欢的，最后我们就走到了一起——我指的是我们接吻了。但后来，我和那些男生的关系几乎总是到这里就终止了。原因我已经记不得了。有那么一阵子双方处得挺好，但还没有达到我所期望的程度。到了某个时间点上，我喜欢的那个人要么突然消失，要么就开始摆谱。

"一些吻并没有给我留下任何特别的印象，它们就那么发生了，几乎可以说是个意外。你想想看，有一次，我在一场跨年晚会上吻了一个男生，但除了他的名字，我对他一无所知。我是和两个女生朋友还有她俩的男伴一起去参加那场晚会的。我们一起待了一会儿，但到了某一刻，我突然发现自己落单了。当时那里有很多我认识的人，但没有哪个是跟我关系特别亲密的。我感到很不自在，找不到一个可以安安静静待着的地方。我没有勇气四处与人闲聊，只好在一张小沙发上坐下，等着时间慢慢流逝。

"然后，突然有个人走到我身边坐了下来，他常和我们这群人往来，但我从没跟他说过话。他长得超帅，而且他过来，就是为了和我说话。我的大脑突然一片空白。虽然那时距离午夜还有很长时间，但他八成已经跟别人碰过好几次杯了，尽管没醉，也谈不上彻底清醒。他一直笑个不停，还提议我俩一起去跟其他人碰杯。有他在身边，我不再感到孤独和格格不入了。我没有问自己很多问题，没有让自己想太多，过了一会儿，当他试图吻我时，我让他这么做了，然后就跟他一起等待午夜降临，心里觉得这或许真的是能发生在我身上的最不可想象的事情了。我们互相道别后，他就回到了自己的朋友当中。我们没有再次见面。第二天，我和他又成了两个陌生人。

"今天回想起来，也许是我当时太需要获得别人的关注了。假如有人想吻我，我立刻就会说服自己那人是真的对我感兴趣。就算那兴趣转瞬即逝，就算我几乎不认识对方，就算我俩之间没什么默契，也无所谓。所有这些在当时都不重要。我需要获得关注，而接吻能让我感觉自己正处于某人思想的中心。我也意识到，那些吻真的不曾给我留下什么，仅有的那点乐趣，是我终于可以向我的那些女生朋友讲述一段新的历险记了。这让我感觉自己跟上了她们的步伐——每当她们和自己的男朋友躲到一边，把我一个人丢在原地的时候，我真的觉得心很累……

"通过观察你，我意识到，以前我或许把太多心思放在男生身上了。你总是很活跃：你是一个领导者，是一名童子军，还和自己的许多朋友一起组织各种集体活动。我觉得你的思路比我清晰得多。你似乎不会为了与女生朋友的步调保持一致就急于去亲吻什么人。在我眼里,你自信而又成熟,这样的状态简直棒到不可思议。看到你对生活进行这种全方位的探索,我真的很高兴!

"当然,在比现在的你大不了多少的时候,我也经历过另一些吻,如今回想起它们,我仍能体会到一种特殊的情感。我也有过一些对我来说堪称完美的吻,当时我的整颗心都为之痴狂。这些吻都不是随随便便就给出的。或许它们还不像我和你爸爸之间的吻那样成熟,但无论如何都是满怀热情地给出的,因为我感觉自己坠入了爱河,而不仅仅是需要得到爱。当你发现自己疯狂地渴望跟某人在一起、想一直黏着他时,那种感觉真是太美好了!发现爱是一件美妙的事情。你会感到自己的身体失去了理智。对方只是触碰了一下你的手指,你就已经被一股'电流'所制服。这种神奇的体验在你长大以后仍会发生,只是已不再那么容易遇到,但它还是会时不时地浮现,提醒你不要忘记那个奇迹。"

现在,请试想一下你将如何向孩子讲述自己青少年时期的经历。那时的你是否也在寻求接触,寻求爱,寻求关注和亲密感,抑或总是在退缩、回避,害怕表露自己的情感?无论你有过怎样的经历,只要努力做到分享故事、思想和情感,就可以拉近与孩子之间的距离,在孩子身上培养起设身处地为他人着想的能力。与前几代人相比,我们的孩子(尤其是处在成长中的某些阶段)

的倾听能力有所减弱。当你谈论的东西理论性很强，并且远离他们"此时此地"的个人经验时，这项能力还会进一步下降。因此，你需要有意识地训练自己去创造一种双向的分享，在"讲述自己的故事"和"倾听对方的故事"之间找到恰当的平衡点。

让孩子觉得你正在谈论的是一样美好的东西

"性"是一样美好的东西。我们必须始终向孩子传递的头条讯息是："性"是一种能使我们的生活变得更加美好的调味品，它赋予我们能量，让我们感到自己活着并且被人渴望。在谈论"性"的时候，我们需要让孩子感受到这份热情，不可以一边聊着这个话题，一边却对"性"带来的愉悦体验只字不提。

倘若我想向某位朋友传达我在吃一块泡芙蛋糕时体验到的快乐，我就得让自己的思绪和感官重新回到品尝它的那一刻，再度在口中感受糕点的柔软和奶油的可口，重新体会那种味道，重温咬下第一口或是从香气四溢的酥皮咬到绵密的奶油夹心时的感受。那位朋友不仅能听我讲述，还能真真切切地在我脸上见到我重温当初的感受时的表情，于是也能在一定程度上理解我的快乐。

当我们热切地谈论某样东西时，我们会牢牢地抓住听者的注意力，并开启一个叫作"共情"的过程。也就是说，这会使讲述者和聆听者双方的心灵（而不仅是思想）变得同步，仿佛开始伴着相同的节奏共舞一曲。你们当中如果谁是老师，就会很清楚面向一班状态在线的学生讲话和面向一班心不在焉的学生讲解某样东西（无论它多么有趣）之间的差别。同样的情形也会发生在想与孩子谈论感情和"性"的父母身上。首先要做的是创造心灵上的接触，把谈话的气氛调动起来，吸引孩子的注意力。但具体要怎么做呢？

为了点燃别人的情绪，我们首先必须感受这些情绪并点燃自己。这就是为什么要想与孩子谈论"性"，很重要的一点是在记忆中寻找我们曾有过的积极而满意的体验，这将有助于我们向孩子传递"性"馈赠给我们的全部热情与美好。请试着闭上双眼，努力回忆年轻时曾温暖过你心灵的某个爱的举动并记起尽可能多的细节，尝试重建当时的情景（你和谁在一起，在哪里，感觉到了什么……），用心体会当时的情绪（柔情、爱意、怀旧、遗憾……）。

请尝试去这么做，哪怕此刻你的感情生活已经支离破碎。请回到源头，回到你体验"性"之美好的时候。这并不意味着你要表现得很兴奋，但也不能冷冷地抛出一堆信息，仿佛你正在谈论的是不带情感的纯科学性的东西。在孩子很小的时候，我们就该向他们传递的一个讯息是：拥有爱情是一件极其美好的事情，拥抱、爱抚、牵手等肢体接触有着令人放松的积极影响，同时还能让我们感到自己并非孤立的个体，而是经由一条亲密而深刻的纽带与其他人联结在一起。

以下这点是写在我们的基因里的：肢体接触会刺激我们的身体，产生使我们感觉良好的荷尔蒙。不过，也有"回避型"的成年人——这些人活在防卫之中，总是与外界保持距离，不让他人理解和靠近自己，倘若被人拥抱或爱抚就会肢体发僵或烦躁不安。这些人要让自己的孩子理解肢体接触的乐趣会更加困难。假如你恰好是这样的家长并且已经意识到这个问题，那么眼下就是你在自己身上下功夫并尝试做出改变的正确时机。孩子的出生是一个你重置自身"硬盘"的大好契机——所谓"硬盘"，指的是你发自本能地在情感上靠近另一个人的方式。怀里抱着一个全方位需要你的新生儿——这种情境对那些难以适应肢体上的亲密接触的人尤其有帮助，因为它可以降低我们的防御，深深触动我们的心。这种原始的拥抱会擦出小小的火花，为我们与另一个人建立亲密的接触提供一种新的可能。

不过，情况并非总是如此。也有一些成年人在自己刚出生的孩子面前仍处于失能状态，无法放松下来。对他们来说，这条路将更加艰难，而且他们无法独自前行。但这些人不应感到自责，因为无法做一个热情的人、无法给予他人照顾和关怀不是他们的错，如果说他们需要更多的时间来学习爱自己的孩子，这也不是他们的错。

你是这样出生的

向孩子讲述他（或她）是如何被怀上的可谓一个绝佳的机会，可以让你在点燃孩子情感的情况下开启与"性"有关的对话。孩子不需要冷冰冰的信息和科学性的陈述——这些内容可以往后推，等孩子的求知欲被唤起之后再引入。作为开场，讲故事会产生相当不错的效果。

下面你将看到一个"具有情感带入性的谈话"的例子——它没有任何遗漏，将实情和盘托出，使用了科学术语，但同时也饱含感情，让伴随着性行为的爱意渗透出来，把简单的"性的行为"转变成复杂而完整的"爱的行为"。此处我们把谈话的对象想象成一个男孩，但这番话同样适用于女孩。

"你小时候特别喜欢让人拥抱，现在有时也是如此。拥抱是一件可以与喜欢的人一起做的很美好的事情。假如你想理解男人和女人做爱时的感受，你可以想一想，当一个爱你的人、一个让你感到自己被爱和被保护的人紧紧抱住你或爱抚你的时候，你有多喜欢。我猜，目前，像这样拥抱一个女孩对你来说完全没有吸引力，但当你长大、身体发生转变后，你就会感觉到内心被某个女孩深深地吸引，会因她而心跳加速。

"等你长大后，你对把你紧紧抱在怀里的人的爱会与另一种愿望结合在一起——你会希望获得一种特殊的、不一样的拥抱，就像我们一块儿在许多电影里看到的那样。你知道吗？情况是这样的：两个人会越靠越近，身体建立起一种越来越深入的接触；他们先是看着对方的眼睛，然后相互爱抚，相互亲吻；再然后，光是这些已经不够——他们需要用整个身体去感受和拥抱对方，被一种使他们忘记一切的欲望所淹没；他们紧紧地抱在一起，变得非常兴奋，男人的阴茎因此而变硬，可以经由一个叫作'阴道'的缝隙进入女人的身体。自从世界上有了男人和女人，有了爱和性，这样的事情就一直在发生。

"这就是我们所说的'做爱'。它对个体来说是一种既美好又重要的行为，对于我们这个物种的存续而言也是如此，因为正是通过做爱，我们才有了孩子。确切地讲，在做爱的过程中，男人的精子会进到女人的肚子里，于是，从决定相爱并生活在一起的两个人的爱情中，便可能诞生新的生命。

"这是你在学校里学不到的东西，但它是自然而然地发生的。对于两个相爱、相互尊重、对彼此有着深刻了解的成年人来说，这是一件他们非常渴望去做的美好而愉快的事情。这样的经历太宝贵了，你不能头一个遇上谁就随随便便地跟那个人一道去体验。它应该在我们爱上某人、两人相互尊重并且都能对自己的行为负责时发生，而且只有在双方都同意的情况下才能发生。

"眼下你可能会觉得这样的行为很奇怪，也很令人尴尬。听了我的这番话，你或许还会产生一种厌烦甚至厌恶的感觉。在你这个年龄，有这种感觉是正常的。这是你以后才会理解和欣赏的东西。我只想让你知道，你是在爸爸和妈妈共同经历的一个十分美好的时刻降临的——那次身体上的结合让我们感觉良好，还让爸爸的精子来到了妈妈的肚子里，一切都是从那一刻开始的。"

你想传递怎样的价值观

性教育向来不是中立的。我们向孩子讲述的从来都不是什么绝对真理，而是受到一系列复杂因素影响的观点。这些因素有：我们的敏感度，我们的文化，我们的人性论和道德观，甚至还常常包括我们的价值观。换句话说，我们所传递的，是自己对"性"的主观看法：或许我们与同属于一个文化群体的其他人持有相同的见解，但那仍是一种片面的观点。父母双方若是开始谈论"性"，只消片刻便会意识到存在许多迥异的立场，双方在一些细微差别或根本问题上的视角会大相径庭。显而易见，我们每个人的思维方式不尽相同。这些差异并不仅仅存在于对某些性观念的看法上，还表现在我们是如何从总体上理解"性"的。

下面列举的，是生活在同一环境中的父母可能会对彼此说的话：

◖ "爱情无论如何都是美好的，不管相爱的人是谁。"

◖ "假如我们接受这样的人可以成为一对并认为这是正常的，

那他们最终会走到哪一步？"

⬤ "相爱是一直以来都存在的现象。既然它存在，就应当得到尊重，应当拥有必须捍卫的尊严。我们为什么要让两个相爱的人感到自己犯了错呢？"

⬤ "我认为每个人都可以做自己想做的事情，只要不伤害到其他人就行。"

⬤ "要是这小子敢跟那人在一起，他就别想在这个家里待下去了。"

⬤ "我不认为两个人领养一个孩子有什么不好的。在我看来，对那些遭到遗弃、需要有人照顾的孩子来说，这不失为一个新的机会。"

⬤ "得让咱们的孩子离那些不正常的人远点儿！"

这份话语清单可以无限延长。它无意将任何人妖魔化，只是为了说明我们每个人都有一套指引自己生活的价值观。这些价值观影响着我们为（或者无法为）孩子提供情绪教育、情感教育和性教育的方式。显然，我们看待初吻的方式以及就该话题所传递的信息也取决于这些价值观。

所以，在开启任何谈话之前，你先要向自己提一些问题，以明确自己笃信哪些价值观，以及想向孩子传递哪些价值观。对你来说，在一段恋爱关系中，初吻意味着什么？它是一种进入青春期的标志性入会仪式，无须对其思虑过多，还是说，它是一个至关重要的亲密举动，只有在你完全确定与另一个人的关系时才可以经历？它是一个开端，还是说，它是一种确认——确认在经过一段多少有些漫长的旅程后，两人之间的关系已经达到一定的成熟度？这些问题没有正确答案，每个人都将根据自己的信念做出回答。

但还有一点需要牢记：无论我们的回答是怎样的，我们都无法决定自己的孩子应该以何种方式以及在怎样的年龄经历他们的初吻。我们能够且必须做的，是教会他们思考和向自己提问，让他们明白每个行为都有自身的意义，也都会带来相应的后果和责任。

你认为自己应该在什么时候经历初吻？你对它有着怎样的想象？你的朋友中是否已经有人经历过初吻？他们的初吻进行得怎么样？对此你怎么看？向年龄在十至十二岁的孩子提出以上这些问题，可以为分享观点提供一个契机。起初，我们很可能会听到类似这样的反驳："这不关我的事，也不关你的事！"但倘若我们能让孩子明白我们并不是在要求他们评判自己的朋友，我们就有可能开启一场关于对初吻的不同理解的热烈讨论。

我们必须卸下伪装，开诚布公。我们可以向孩子阐述我们自己对"性"的理解，而为了做到这一点，我们必须非常坦诚地审视自己的内心并理出头绪。作为成年人，我们每个人持有的价值观和信仰或许会非常不同，但我们必须对"性"有一个成熟的看法。任何一个肩负教育责任的成年人都不可将"性"庸常化，不能只从自己的视角看问题，把"性"降格为一种单一而扁平的东西。相反，我们必须帮助成长中的孩子形成他（或她）自己对"性"的构想，把爱情当作一种不应被白白浪费的事物来憧憬。

"我认为，做爱是一种非常亲密的行为，你只能和自己真正信任的人一起去体验。"这样的表述才能鼓励孩子形成属于自己的性观念。过去，人们常说："只有结婚后才能有性生活！"这样的观点也有其片面性，而且是强加在听者身上的，容不得任何反驳。这是一条要求你从字面上来接收的禁令，不允许你表达自己的疑虑或异议。与此相反，有些成年人会说："我希望我的孩子能够自由选择，在犯错中学到东西。即便是在'性'这个方面，他／她也不该害怕冒险。任何时候，我都不想让孩子觉得自己做错了。"与前一种类型的人相比，后一种类型的人向后退了一大步——甚至两大步。这种大幅度的撤退对于已经成年的孩子来说是必要的，但对于稍年幼的孩子来说就很危险了，因为后者尚未找到指引自身行动的参照物，没有能力独自辨认方向。

那么，我们成年人究竟应该起到怎样的作用呢？

首要的一点，是身为成年人的我们要以身作则，将"性"视作使生活变得更加美好的体验。我们必须让孩子知道什么是"责任"，什么是"尊重"。当成年人开粗俗的玩笑或是轻描淡写地谈论"性"的时候，他们其实是在谈论一种做男人或做女人的方式，而这种方式对成长中的孩子是没有益处的。年轻人需要参照物，需要明白"性"是一段需要时间以及需要分阶段循序渐进地去探索的旅程。

无论我们自己有着怎样的人生经历，我们都必须让孩子形成爱及爱的行为是高尚的这一概念。我们必须向他们提供的信息是：初吻不可以被浪费（此后的吻也是一样），但倘若它已经草草发生，在任何时候重新开始都不会太迟。通过这种方式，孩子可以首先获得我们的帮助，然后再靠自己建立起情感纽带，认识到"性"能让我们变得更好亦更幸福，在此种状态下去体验"性"。

训练自己去思考，赋予经历以意义

"当你需要在'正确'和'善良'之间做选择时，请选择'善良'。"——心理学家韦恩·沃尔特·戴尔（Wayne Walter Dyer）的这句话有助于我们理解成年人在孩子的情感教育中应当采取怎样的立场。请记住，你和孩子的关系应该总是被置于规则之前。在有些情况下，你需要摆出坚定、权威甚至严厉的态度，但这一切只在一个前提下才有意义，即无论面临多么紧急的情况，你和孩子之间的关系都是建立在尊重和信任之上的。戴尔的这句话也很好地概括了我们应当教导孩子抱着怎样的态度去面对"性"以及与他人建立亲密关系的可能："我"的一举一动，都应体现对他人的尊重友爱，而非冒犯。

在每个人的生命中，"性"都无所不在。它伴着第一次呼吸而开始，伴着最后一次呼吸而终结。我们不应把它与"性兴奋"

混为一谈，因为它远比后者更深层，伴随着我们的一举一动而存在。此处所说的"性"，指的是与另一个人的肢体接触给我们带来的愉悦感和幸福感。因此，它不仅仅是唤起性兴奋这么简单，而是指向一系列更微妙的感觉——我们在与女性或男性朋友的互动中、在与他人拥抱时会体验到的那些感觉。事实上，皮肤是我们的第一个也是规模最大的性器官。因此，当我们与他人建立关系时，"性"也牵涉其中。作为教育者，我们必须帮助那些正在成长的孩子意识到"性"的这一层面——它为我们的生活增添了色彩，也是我们与他人建立令人满意的关系的基本资源。

并非出于偶然，许多男孩女孩在第一次相互靠近时最关注的事情之一，便是自己能感受到愉悦并给予对方快感（男孩常常还会因为对自身表现的期待而备感压力，而这些期待是通过观看色情视频形成的）。

我们的任务是为孩子提供既平和又有教育意义的引导，把"性"呈现为需要去了解、去征服、去探索但又不可横加扫荡的领域。我们需要让孩子明白，每个阶段都必须以恰当的情感和理智去经历。当然，他们必须自己去寻找答案，但首先他们必须向自己提出正确的问题，为探索找到正确的方向。

而且，答案不见得会立刻冒出来。孩子必须学习选择自己想要尝试的东西——就算想成为一个幸福的人，也不必什么都体验，在"性"这个方面亦是如此。所有研究都证实：较少采取冒险行动的年轻人，身边总有成年人与其分享过期望和限制，协商过规则和许可，并根据其年龄，就该做什么和最好避免做什么为其提供过建议。换句话说，这些成年人展现出了不专横的权威感。在我们可能会显得焦虑、徒劳无功或只能达成部分目标的性教育领域，我们同样需要这么做。

关键是要提出一种新的性教育（及情感教育）的方式——它要以教育者自身的人生经历为基础，谈论的不仅是与"性"有关的行为，还有相关的情感。向孩子解释以下这点非常重要：行动、情感和思想作为一个整体共同塑造了当下的"我"以及"我"即将成为的那个人，"我"在首次面对生命中那些重要事物时采取的方式决定了"我"是什么样的人以及即将成为什么样的人。从这个角度来看，"性"也让我们得以了解自己和身边的人。

我们已经谈到帮助孩子赋予自身的行为和性冲动以意义的重要性，但这具体意味着什么呢？下面这个例子将帮助你更好地理解应该如何赋予一段性体验以意义。

烫手的图片

下面这篇对话，是一位父亲发现自己十三岁的儿子在手机上看过色情内容后与他进行的谈话。与孩子谈论色情内容并非易事，但当我们发现他们访问过成人网站或是在手机、电脑里存了色情内容时，这就成了一件不得不做的事情。面对这类谈话，孩子可能会感到尴尬和羞愧，此时，来自父母的愤怒或评判态度肯定不会对孩子有任何帮助。

孩子身边最好能有人与他们分享富于教益的想法，帮助他们进行自我调节并赋予经历以意义，否则，他们获得的就只是一次次止步于性兴奋的体验。在这种情形下，如果我们不能及时干预，提供具有教育意义的讯息并设定限制，我们的孩子就有可能陷入迷惘，落入某种除去性兴奋便没有其他意义可言的"性"的陷阱之中。

父亲："我发现你在手机上看过一些女人的裸照。"

儿子："爸！你为什么看我的手机？这是我自己的事情。"

父亲："我告诉过你，我会时不时地这么做，所以才会问你要密码。"

儿子："但我已经提出希望你别这么做。你不信任我吗？"

父亲："我很信任你。我问你那些照片的事，绝不是为了责备你。我只是想跟你聊聊这件事。我想知道你有没有看过色情视频。"

儿子："爸，你这样让我很尴尬。我们别说这个了行吗？"

父亲："我自己就看过。我相信所有男人都看过。看见那些东西时，你会立刻兴奋起来。这是一种不由自主的反应，立竿见影，会让你受到非常强烈的感官刺激。这就是我想告诉你的事情。欢迎来到成年人的世界。"

儿子："妈妈知道你看过那些东西吗？"

父亲："当然。我看过极少的几次，每一次都跟她聊过。我需要她的帮助，以确保自己不会再犯。我想说的是，你不是第一个靠看色情图片寻找兴奋感的人，肯定也不会是最后一个。身为一位父亲和一个男人，我担心的是网上有太多色情内容，而且你只消点击一下就能看到。"

儿子："爸，我从来没有看过色情视频。一次，一个朋友已经开始为我播放，但我马上走开了。"

父亲："你很有勇气。以后你一定还会遇到这样的情况，特别是你会感到很兴奋，被那些视频所吸引。选择不去看色情内容对任何人来说都不是一件容易的事情。"

儿子："没错，当看到那些裸体女人的照片时，我感到非常兴奋，很难忍住不看。"

父亲："你真的长大了。你的身体正在发生变化……将来，等一个你喜欢的人让你产生这种感觉，那才叫美妙呢。就拿你妈妈来说吧。她有她的优点，也有她不完美的地方，但跟她在一起时我觉得哪哪都好。"

儿子："拜托，爸，有些事我可不想听哦！"

父亲："我很高兴我们谈过了。瞧见没？我盯着点儿你的手机还是有用的。要是我没这么做，我们就不会有机会聊这些。"

儿子："我希望你别再查我的手机了。不过你说得对，聊聊这些确实挺好的。我觉得自己被那些照片吸引住了，但现在聊过之后，我感觉好多了。"

父亲："欢迎来到一个新世界，这里的人都竭力不通过色情内容寻求简单的刺激。对了，今后我还是会时不时地查一下你的手机的。"

儿子："呵，这可真是个好消息。"

从上面这篇对话可以看出，不论我们的身份是父母还是教育工作者，身为成年人，我们的作用就是训练孩子去回想自己的经历和感受，并赋予这些经历以意义。我们必须帮助他们从经历中抬起视线，告诉他们不仅要用情绪和感官来思考，还要用理智来思考。我们要负责教会他们看到每一个选择和行为的前因后果，设身处地为他人着想，让他们懂得如何从冲突或困境中走出来，学习接受别人的拒绝，以及在别人提议尝试自己不想要的性体验时说"不"。总而言之，就是要鼓励孩子训练上一章中谈到的那些"生活技能"，而我们只有在与孩子保持良好关系的前提下才能做到这一点。

感到尴尬是正常的

每次与孩子谈论"性"时都感到尴尬是正常的。在家里，假如所有人一起看电影的时候屏幕上突然出现露骨的性场面，我们可能就会感到不自在。假如孩子直截了当地向我们提出一个有关

"性"的问题，我们感到错愕或困窘同样是一种自然反应。有时，孩子这么问纯粹是出于好奇。要是我们碰巧把自行车停在了一台安全套售卖机前面，他们可能就会问："这里面卖的是什么？"更有甚者，问题可能会非常具体，比方说："你们只做了一次爱就生下我了吗？"

前文已经说过在面对这些问题（以及其他许多疑问）时不采取逃避态度的重要性。此时，我们应该做的，是根据提问者的具体情况，找到合适的措辞来开启真诚的对话。倘若学校里有同学做了什么明显带有性意味的动作，那么，在孩子看似冒失的提问背后，可能藏有明确的信息："我需要有人帮助我理解为什么我感到如此困惑和尴尬。"

事实上，在我们感到不自在的同时，我们的孩子一样也会感到不自在。根据我们过往的经验，在学校谈论这些话题时，有些孩子会一直发笑，没法保持严肃并直视我们的眼睛。我们的任务是保持冷静，不要显得发怵或恼火，而要表现出我们已经准备好与眼前的这些孩子展开对话，并且很乐意这么做。

当孩子向你提出有关"性"的问题时，你可以采取的一个上佳策略是反问他们："你为什么会问这个问题？""你是从哪里听说的？""你为什么想知道这个？"这样一来，除了可以为自己争取时间，我们还能更好地弄明白在这种突如其来的好奇心背后隐藏着怎样的实际需求。在十岁以前，孩子经常会提一些非常直接的问题，但他们实际上并不清楚自己在问什么。他们或许是在电视或网络上看到了什么，也可能是听到了哥哥与朋友之间的对话。通过询问他们为什么要问我们那个问题，我们可以捕捉到重要的细微差别，并据此决定说什么以及说到何种程度。

成长中的孩子，身边需要有愿意谈论这些事情的成年人，只有这样才能开启对话，帮助他们认识到在前青春期和青春期阶段，"性"不仅仅是会激起好奇心的领域，更是有待探索和体验的世界。

从理论到实践——如何与孩子谈论"性"

心理学家兼心理治疗师法比奥·韦利亚（Fabio Veglia）曾长期研究与孩子谈论"性"问题的最佳方式，最终开发出一种以所谓的"叙述模式"（即讲故事）为基础的方法。接下来，我们将向你介绍从他的方法中提炼出来的若干有用建议。

借助于具体的经历或故事：想一想你要向孩子传达什么，在脑海中将其具体化、形象化，然后从你自己的某段经历或某个故事出发，试着向孩子讲述。

内容要少而清晰：要避免长篇大论，讲述时要不断确认孩子和你是否处在同一个"频道"上。最好不要说得太多，看看孩子是否会向你提出其他问题。

对于每一部分的内容，都要组织一段涉及不同层面的叙述： 你所谈论的举动有什么作用（功能层面）？如何很好地体验它（伦理层面）？在哪里可以见到它（审美层面）？它与身为家长的你的生活有着怎样的关联（个人生活史层面）？以初吻为例，可以这样讲——

关于它有什么作用："如果你想让另一个人明白你很喜欢他（或她），这是你所能做的第一个需要勇气的举动。它将让对方知道你对他（或她）产生了某种特别的感觉，想和他（或她）黏在一起，想让你们的双唇相互触碰。唾液通常令人感到恶心，但当你亲吻另一个人的时候，你不会想到这一点。唇间的那种湿润感反而会让你产生一种美好的感觉。感觉到双方舌头的触碰是令人愉悦的，这是一种非常亲密并且会让我们感觉良好的接触。但是倘若你被迫亲吻一个自己不喜欢的人，那将是一段可怕而恶心的经历。"

关于如何很好地体验它："确保把初吻献给一个你喜欢的人——不仅是对其外表的喜欢，也是对其内在的喜欢。"

关于在哪里可以见到它："我把这张明信片送给你，上面是两个年轻人在人群中接吻的照片，你看他们多美……"

关于它与身为家长的你的生活有着怎样的关联："当我和你妈妈第一次接吻时，我非常紧张。对我来说，第二次要好得多，因为第一次接吻时我特别害怕会出错，几乎无法呼吸。当时我真是太幸福了。"

让自己真情投入： 在谈论"性"的时候，你要始终努力在内心点燃你的那种情感，并借着这份情感的力量，使自己的话语更加生动和有感染力。

使用简单且口语化的词汇： 在孩子八岁以前，用"可爱"的词汇（如"小鸡鸡""小蝴蝶"）来指代生殖器官可能会更容易也更直接。之后，将这些称谓与科学术语并置会更有益。

向发散性思维敞开大门： 对怀疑和发现持开放态度，告诉孩子现实有时会超乎他们的想象。你可以向孩子提一些问题，比方说："你觉得两个人真的有可能相爱一辈子吗？""一个已经结婚的人有没有可能想要亲吻另一个人？""一个女孩有没有可能从来都不想坠入爱河？"通过这些问题训练孩子的思考能力，让孩子去设身处地为他人着想，去面对那些与他们有着不同世界观、价值观和人生观的人。

每一个机会都是好机会： 抓住日常生活为你提供的每一个机会来谈论性和感情的某个具体方面。比方说，假如你的孩子在公园里荡秋千时恰好有两个年轻人在附近的长凳上激吻，你就可以利用这个机会谈谈"吻"这个话题。

如何规划对前青春期儿童的性教育

随着孩子越长越大，他们的活动范围在扩大，与同伴的互动亦在增加，我们能够用来与他们谈话的时间也会越来越少。特别是当孩子的年龄在十至十二岁时，专门为性教育划出一定的时间是非常重要的——不仅是在家庭内部，也包括孩子活动范围内的其他各种教育环境，如体育俱乐部、童子军团体，当然还有学校。我们成年人有责任确保这件事如期进行。就算孩子对此没有提出任何要求，那也不是我们回避这一责任的正当理由。

我们可以提议与孩子共读一本书（可以是从图书馆借来的某本带插图的书）或是一起上网看些视频，具体看什么由你们自己决定（在本书的附录部分，我们将推荐一些可能会对你们有用的歌曲和电影）。倘使你自觉在面对该话题时泰然自若，也可以完全靠自己组织语言，来对孩子进行性教育。

我们的目标是向孩子讲述男孩和女孩在发育期会面临的状况，让他们为即将经历的转变做好准备。这时，你可以与他们谈论男女之间的性行为，谈论婴儿是如何出生的，谈论性别差异以及与他们成长中的这个阶段相关的各类问题。所有这些将化作一块沃土，使得在未来几年的岁月中，当真正遇到初吻和初恋到来的情形时，彼此间始终可以保持开放的对话。

什么该做，什么不该做

以下是与孩子谈论性和感情时需要牢记的十件事：

1. **我们可以从错误中学到很多东西。**倘若你的孩子犯了错或是让你感到失望，请学会用积极的眼光看待他（或她）。不管他（或她）干了什么，你们都可以找到解决问题的办法。在有关"性"的问题上，羞愧感和负罪感都不是有益的教育工具。

2. **开口之前，先要聆听。**在孩子跟你聊一些事情的时候，这是一条很好的规则。你不必急于发表意见，不用忙着告诉孩子你认为什么事可以做，什么事不可以做。孩子几乎总是已经知道你会怎么看。而且，如果你的反应过于急躁，就有可能错过他们故事中的重要部分。

3. **保持开放的心态。**你的价值观将指引你的教育行动。但是，在持有不同想法的人面前，不要表现出拒不接受的态度。要培养对"对峙"的雅兴，对与自身不同的观点始终表现出了解的兴趣。千万别用"在我那个年代……"这种经典的陈词滥调，尽量别让自己在孩子眼中显得像濒临灭绝的物种，别让他们觉得你生活在一个太过遥远、与当下大相径庭的"地质年代"。

4. **没有什么是不能谈的。**要始终向孩子传递这一信息，从他们很小的时候起就要开始这么做。在家里什么都可以谈论，没有不能提的问题，也没有父母无法容忍的东西。

5. **睁大你的眼睛。** 信任应该与监护并存，特别是在涉及孩子的网络生活时。要让孩子习惯于身边有非常细心、在他们遇到困难时能及时发现异常的家长。

6. **永远不要嘲弄孩子。** 永远不要调侃孩子，也不要为了强调孩子的某个不当举止或是他们感情方面的某件事（比方说迷上了什么人，被人表白，等等）而在其他人面前笑话他们。使人难堪并不能提高那个人的觉悟，而只会让那个人感到不舒服。

7. **不要害怕承认你不知道该如何回答某个问题。** 做一个有权威的家长并不意味着答案总能张口就来，也不意味着你要对"性"无所不知。如果你觉得自己还没做好回答问题的准备，不妨给自己一些时间，找出最佳答案。

8. **出言要谨慎。** 要守护好孩子向你吐露的秘密，避免粗俗的评语和低级趣味的笑话，用你的言行向孩子展示"尊重"的重要性。从尊重家人做起，帮助孩子时刻做到尊重他人的情感。

9. **使用"敏感词"。** 与孩子谈论"手淫"是很费劲的，谈论"勃起""阴蒂"等莫不如此。一般说来，使用所有这些男孩女孩迟早会遇上的术语都是一件挺有难度的事情。要有意识地训练孩子，帮助他们鼓起勇气，在合适的情境下了解并使用这些与"性"有关的术语。

10. **顺着孩子的思路"反将一军"**。假如你发现孩子是在利用"性"来挑衅你，你可以顺着他们的思路反将他们一军。比方说，假如女儿在你面前一脸艳羡地欣赏衣着暴露的女模特的照片，一边还鄙视你的样貌，你可以这么回应："你倒是给我灵感了！明天我就穿着三点式内衣在家里到处晃悠，还要这样送你去上学。"

假如你希望孩子继续与你交心，还应做到以下两点：

不要强迫孩子开口。在面对如"你喜欢谁"这般直接的问题时，你的孩子可能不会让你得到答案。有的青少年什么都说，有的则什么都不说。在现实面前，你能做的并不多。一旦打好坚实的分享基础，你能做的就只剩下听候召唤。处于青春期的孩子将全权决定在多大程度上、以怎样的方式让你参与他（或她）的私生活。当担心孩子会陷入麻烦的时候，你可以进行干预，但不要强迫孩子向你谈论他们的感情。有些男孩（当然也有一些女孩）尽管与父母保持着良好的沟通，对自己的恋情却始终守口如瓶。倘若你对自己与孩子之间的双向信任有信心，那么你就应该能够接受这种情况——事实上，也必须接受。应当确保的一点是，在需要的时候，你的孩子会把你视作参照者和求助对象。

当孩子向你吐露秘密时，不要表现得过于热情。做到这一点对于母亲来说尤其困难，因为她们天生有一种操之过急的倾向，急于提问，想要了解情况，渴望提供建议。倘若你希望孩子继续把你视作可以分享自身疑虑的成年人，你就得尽量表现得克制，与孩子保持"一步"的距离，得体地倾听并守护每一个秘密。与其冒着听到"够了，我再也不会对你说什么了，因为你的问题太多了"的风险向孩子问东问西，还不如等着他们主动向你提问。

直面问题，但不要咄咄逼人

有时孩子会让我们感到失望，这一点不可否认。犯错和越界（包括在"性"这个方面）在处于成长阶段的孩子当中是很常见的。类似智能手机这样强大的科技产品过早地进入我们的生活，也增加了与"性"有关的"事故"，这些"事故"可能只涉及我们的孩子，也有可能牵涉到其他人。

成年人应当起到如下作用：帮助孩子反思已经发生的事情，跳出当下，以长远的视角看问题，以便看清什么是行之有效的，而什么不是。没有什么问题是可怕到无法处理的，即便错误很严重，也总有通过补救重新出发的可能。弥补错误的过程有助于孩子认识到，自己即便在某种情形下犯了错，也仍然可以是个有能力表现良好的人。对家长来说，重要的是要懂得如何以正确的方式来谈论孩子犯下的错误，不可咄咄逼人，但又要直面问题，找到解决方案并使涉事者对发生的事情有所认知。

以上这点不仅是与孩子沟通时应当遵循的黄金法则，同样也适用于成年人之间的沟通。与孩子有效沟通不是一件容易的事情，但成年人之间的沟通同样不易。我俩曾多次遇到青少年在校内或校外（如在青年俱乐部或体育馆）对同龄人犯下与"性"有关的错误的情况。在这种情形下，最大的难题不是如何让孩子直面需要承担的责任和自身行为的后果，而是如何与成年人很好地沟通，尤其是让受害者的父母与犯错者的父母进行交谈，从而使双方建立起一个以教育为目的的同盟。

交谈的目的是建设，而非破坏

阿西娅和卡米拉今年都是十岁，都在念小学的最后一年级。这天，卡米拉在班级的同学群里发了一些有关阿西娅的尴尬信息——她说阿西娅想亲吻所有的男生，并上传了一张照片（照片里的阿西娅噘着双唇，像是要亲吻什么人的样子），还在照片下方附了一句："嘿，你愿意吗？"聊天群里，同学们的反应大不相同。有些同学回复说不该发这些东西，另一些则对自己的同班同学开起了恶趣味的玩笑——有个男生回复说："我就知道你是个××……"

阿西娅的母亲罗伯塔从女儿口中得知此事后，火冒三丈地拨通了卡米拉的母亲露西娅的电话。

电话刚一接通，罗伯塔就立刻展开了攻势："你必须告诉你女儿，她应该感到羞耻！万万没想到，你家孩子会对我女儿做出这样的事情。你们做父母的或许念过大学，但这并不意味着你们有权利不尊重其他人！"

露西娅被罗伯塔的口吻惊得目瞪口呆。她与罗伯塔并不熟，只在家长会和她家的大门外见过她。在她的印象中，罗伯塔总是妆容完美，衣着考究，非常注意保持身材，一看就是经常锻炼的人，与不断发福的自己截然不同。"你怎么敢如此出言不逊？"她反击道，"在像这样攻击我之前，你至少也该问声好吧。"

但罗伯塔步步紧逼："你女儿真是多嘴。阿西娅把她当朋友，结果大失所望。你可得对她上点儿心，否则就来不及了。"

露西娅："你先别急着指责我女儿。依我看，你家女儿根本就不是什么正经姑娘！"

罗伯塔："你怎么敢这么说话？你知道吗，你女儿把我女儿说成是一个轻浮的女孩，但据我所知，卡米拉跟男孩子相处起来可比我女儿老练多了！"

露西娅："我一分钟都不想再跟你多说。你攻击到现在，我都不知道你这么做到底为了什么。你总是这样，喜欢小题大做！"

罗伯塔："那我就让你见识一下我有多喜欢小题大做。明天我就约老师见面，她会让你女儿意识到自身行为的严重性。"

露西娅："别把老师扯进来！这是女孩子之间的事情，她们自己会解决的。"

罗伯塔："我可不这么认为，毕竟卡米拉有个像你这样的母亲。"说完，她就挂断了电话。

从上面这个例子出发，我们将列出十条沟通法则，以帮助成年人培养"用正确的方式说该说的话"的能力。假如我们能运用有效的沟通方式，不让自己被情绪所蒙蔽，与他人（不管是成年人还是未成年人）保持良好的沟通，就可以为孩子树立一个好榜样。孩子将不仅能从我们身上学到"该说什么"，还能学到"该怎么说"。

在露西娅和罗伯塔的对话中，有两个不同的交流层面重叠在一起：一个是关于事实的，即卡米拉撰写并发布的与阿西娅有关的信息；另一个是关于两位母亲之间的关系的——两人为了降低对方所持观点的可信度，也为了使对方自觉是犯错的一方，都极力去指责对方。事实上，在我们与别人沟通时，这两个层面始终是交织在一起的——对话中有我们想要与对方沟通的内容，但在此过程中，我们也免不了会就自己与对方的关系发表一些看法。试着回想一下你在社交软件上与别人进行过的某次过于激烈的讨论——重读双方当时互发的信息，你便会发现这种由"内容"和"关系"构成的双重层面。若要实现与他人的良好沟通，疏通这种信息缠结是我们需要做的第一件事情。

　　在两位母亲的对话中，内容（卡米拉发布的声称阿西娅想做出大胆举动的信息）与双方的相互指责（针对对方教育女儿的能力——以及往大里说，做一个好家长的能力）是混在一起的。后果是什么呢？是两个成年人都把全部的精力放在了捍卫自身立场和攻击对方的立场上，导致谈话中没有空间留给此次沟通的真正目的，即联手帮助两个女孩为已经发生的事情找到补救的办法。实际上，两位母亲都应该就"内容层面"自问：我能为自己的女儿做什么？我能为另一个女孩做什么？我在什么地方做错了？我应该怎样处理这种情况？我应该让哪些人参与进来？我希望女儿从这件事中学到什么？

　　以下这点是事实：当感觉自己受到攻击时，我们就会做出糟糕的事来。即便是自己的错，我们也不再能看到问题之所在，而只能感受到捍卫自己和进行反击的本能。这就是为什么我们要为你提供一个可以在各种情况下使用的与他人沟通的有力工具。它是一份对有效沟通的特征加以总结的清单——每当你想就某个你并不赞同的举动与别人（不管是成年人还是未成年人）进行交涉时，你都要把它牢记在心。

　　在上面这个例子中，卡米拉对阿西娅所做的事情让罗伯塔感到非常气愤。倘若她对照下面这份清单，或许就会将自己与露西娅的关系置于次要地位，以更具建设性的方式专注于沟通的主题，即如何解决问题。同样地，露西娅在受到罗伯塔的攻击时，也可以利用这份清单来避免火上浇油，把对话拉回不那么有攻击性和冲突性的气氛中。

　　同样的清单也适用于你与孩子之间的沟通，比方说在你发现孩子看过色情视频时助你一臂之力。

　　根据清单中的提示确立沟通方向，可以大大提高沟通的有效性，防止我们被一时的冲动情绪压倒。

　　以下就是有效沟通的一些特征：

1. **它是描述性的，而非评价性的。**这一点是用来提醒你，要专注于阐明相关人员做了什么，而不是对他（或她）是怎样一个人下结论。比方说，罗伯塔的断言"你女儿真是多嘴"就是一句评判，它没有指向任何特定的事实，也没有向露西娅提供能够与其产生共鸣的素材。

2. **它是以牵涉其中的人的感受为出发点的。**这一点很重要。假如罗伯塔对露西娅说的是"我给你打电话，是因为卡米拉在群里说了一些关于阿西娅的话，阿西娅为此哭了很久"，那么露西娅就可能对阿西娅感到愧疚，并想进一步了解情况，尝试去处理这个问题。或者，罗伯塔本可以从自己的心情说起："我很生气，因为我看到我女儿因为卡米拉在群里发布的信息而受到了伤害。"另一方面，露西娅在面对罗伯塔的愤怒语气时本可以表示认同："我能感觉到你真的很生气，对此我很抱歉。请告诉我发生了什么事情。"分享我们的心情，表达我们的感受，解释驱使我们采取相关行动的缘由，是为建立良好沟通迈出的极好的第一步，因为在这样的沟通中，双方都能很好地适应彼此的情绪。

3. **它是具体的，而非概括性的。** 它指向具体的行为和事实，而不对另一方一贯的行事方式做概括。"你总是这样，喜欢小题大做！"露西娅想以这句话给罗伯塔定性，用或许是在其他场合碰见过的罗伯塔的某种行事方式来攻击她。然而，此刻不是扩大战场的时候，因为在这种泛泛的指责面前，对方会停止倾听。

4. **它专注于可改变的行为。** 这是至关重要的一点，而且不容易做到。我们与他人交谈时，脑中必须清楚对方的性格，知道可以向对方要求什么，没法向对方要求什么。面对罗伯塔的攻击，露西娅用"你怎么敢如此出言不逊？在像这样攻击我之前，你至少也该问声好吧"加以回应，实际上是在隐晦地要求对方沟通时不要这么冲动和咄咄逼人。但事实上，罗伯塔的这种反应是出自本能的，因为她的性格就是如此。假如你把全部精力放在想要改变对方的态度上，而且还以同样咄咄逼人的语气做出回应，那你是不会取得任何效果的。最好不要太在意对方言行上的冲动，而要试着弄明白对方生气的原因。

5. **它不强加任何东西，但会提供一些东西。** 没有谁比一个无意聆听的人更耳背。假如你想跟另一个人说一件重要的事情，你首先必须让自己与对方在情绪上保持和谐，让对方感觉到你正在讲的东西可能会对自己有用。罗伯塔的目的是保护女儿，使其不再受到新的伤害，为了达到这个目的，她应该成为卡米拉的母亲的盟友，帮助卡米拉意识到自己错在哪里，认识到自身的行为引发了怎样的后果，但她抛出的"你可得对她上点儿心，否则就来不及了"却是一句指控，不会让露西娅产生与她结盟的意愿。

6. **它发生在正确的时点。** 一般说来，对那些让我们感到不适的行为，最好不要推迟沟通。罗伯塔的反应非常及时——刚从阿西娅口中得知发生了什么事情，她就立马给露西娅打了电话。但有时，我们会倾向于推迟告诉别人我们对其某个行为的看法。比方说这样的事情：一个处于前青春期的男孩与家人一起看电影时总会不停地触摸自己的生殖器，但迟迟没有家人鼓起勇气和他谈这个问题。在这种情形下，家长的紧张感会不断累积，最终反而会增加家长用错误的言辞表达看法的可能性。

7. **它旨在确保对方已经理解我们想要表达的内容。** 我们要不断问自己，对方是否已经听懂我们所说的内容。倘若罗伯塔在头脑清醒时问问自己，露西娅可以从她的话里听明白什么，她就不得不承认——很少，甚至没有！情绪会损害使我们获得他人理解的能力。我们心里必须清楚沟通的目标是什么，并确认对方也清楚地意识到了这一点。罗伯塔应该问一问自己："是让露西娅知道我很气愤更重要，还是让她知道发生了什么事情及其对阿西娅造成的影响更重要？"

8. **它对与其他观点的对峙持开放态度。** 如果沟通是在其他人面前进行的，尤其当这些人恰好是所谈论行为的目击者时，对不同观点持开放态度将会大有裨益，可以为弄清事实增加新的视角。提出如下问题可能会很重要："你怎么看？我们要怎么做才能更好地解决这个问题？"比方说，两位母亲可以一起去找老师，共同分析所发生的事情，以帮助全班同学更恰当地使用社交软件。这不是要审判犯错者，而是要弄清每个人都能从这个错误中学到什么。罗伯塔说的却是："明天我就约老师见面，她会让你女儿意识到自身行为的严重性。"但实际上，其他人不该被沟通中的任何一方当作可以任意摆布的棋子。

9. **它最终应当对双方都有益。** 对峙不是为了发泄情绪或攻击对方（像罗伯塔所做的那样），而是为了改善关系。当孩子因某个过火的行为令我们失望的时候，我们即便火冒三丈，也必须坚持问自己，我们要用怎样的言语激活眼前这个孩子身上最美好、最强大的部分。

10. **它是以事实为基础的，而不是基于猜想或影射。** 对峙的范围仅限于已经被观察到的行为和已经被该行为激起的反应。就对方如此行事的原因进行理论上的臆测，意味着你已经闯入一个私人领域，会让对方进入防卫状态。这就是为什么罗伯塔的那句"你们做父母的或许念过大学，但这并不意味着你们有权利不尊重其他人"会激怒露西娅。

在就与"性"有关的行为和他人进行沟通时，上面这些提示会格外有用，有助于避免造成伤害，尤其是避免把事实与相关人员之间的关系混为一谈。只有这样，我们才能在孩子经历最初的情感体验时给予他们审慎的陪伴。

经典童话《白雪公主》

第四章 典型情境分析十例

　　在本章中，你将看到一系列具体的情境。相应的事情可能会发生在任何一个正在养育一个或多个孩子的家庭中，也可能发生在家庭以外的环境中，比如发生在体育社团、青年俱乐部、童子军团体，当然还有学校及其组织的各种活动的现场——这些活动既包括课堂活动，也包括课外活动（如远足、游学等）。在这些环境中，随时可能发生牵涉到"性"的行为，需要身为参照者的成年人以有能力、有意义的方式进行干预，在处理问题的同时开展教育，而这一切之所以能实现，往往得益于成年人与孩子之间建立的良好关系。

　　作为父母（以及从更广泛的意义上来讲，身为成年人），在面对我们将要描述的某些情境时，感到恼怒、持反对意见甚至产生无力感都是正常的。有时，我们的话语（甚至仅仅是眼神）会带有评判性，这会让孩子（或学生）感到内疚，觉得自己犯了错。愤怒和评判是两种自然反应，但我们必须对其加以控制，以免我们与孩子（或学生）之间的关系遭到距离感或畏惧感的侵蚀。

　　相较于其他类型的情境，身为父母的我们可能会更指望让这个牵涉到"性"的话题沉寂下来，将其搁置一旁，仿佛我们对它避而不谈，它便会立刻被遗忘，不留下一丝痕迹。然而，面对此类问题，重要的恰恰是找到正确的方法去靠近，这样我们才能让孩子理解所发生的事情具有怎样的意义和重要性。换句话说，重要的是帮助成长中的孩子反思自身的行为，让他们知道，他们完全有能力选择如何引导自己的举止、幻想、言语和思绪。在这个过程中，只有我们成年人才能给孩子提供支持。因此，面对既成事实，我们必须用耐心来武装自己，表现出热忱和权威，让孩子看到我们有能力围绕他们已经做出的行为建构具有共识性的意义，看到我们可以成为他们的故事的合格倾听者。

我们建议父母（即便已经分居）一起阅读这些案例并尝试思考自己在每种情境下会有怎样的反应，会采取怎样的对策（假如你是老师或者其他岗位上的教育工作者，并且想学习在面对身边那群孩子时如何更好地处理这些棘手问题，那么这项练习对你同样有用）。接下来，在尊重个体差异的同时，请试着问问自己，哪个是你在教育孩子的过程中遇到的最典型的情境，哪段分析最有助于父母双方在处理问题时表现出一致性和团结性。

观点可以不同，但要团结一致

下面我们将向你展示一份可供参考的分析纲要，你可以借助它来确定如何从教育的角度去应对某个涉及孩子且牵涉到"性"的棘手情境。

　　纲要中列出的问题旨在帮助你就所发生的事情明确自身的看法。从这个初步的自我分析出发，你可以根据自己的敏感度扩大思考的范围。

　　当我俩在家中讨论要如何应对孩子的某个行为时，我俩常会发现彼此的出发点非常不同。身为父母，我俩根据各自的人生经历以不同的方式看待所发生的事情，并给予其不同程度的重视。这种差异对孩子来说非常有价值，因为它能让孩子避免以某个僵化的立场看问题（这种单一视角对成长中的孩子是没有好处的）。尽管如此，在识别并接受双方差异的同时，父母仍应努力找到一个中间立场、一个总体上的共识，使双方的观点在孩子的眼中协调一致。下面这份分析纲要的作用，便是为父母之间达成共识提供便利。

情境分析纲要

　　在面对涉及孩子且牵涉到"性"的棘手情境时，向自己提出如下问题将有助于你明确自身的感受和想法，也有助于父母双方找到一条一致的教育路线。

● 得知此事后，你有何感受、作何反应？你在自己的伴侣身上观察到了怎样的反应？当你重新审视这件事时，你有没有想起自己的某些经历？如果有，是什么？

- 你是怎么知道这件事的？是孩子自己告诉你的，还是经由其他途径得知的？

- 孩子目前的处境危险吗？是否需要及时干预，以保证孩子的安全？

- 相关的性行为是否具有阶段性特征——也就是说，是不是这个年龄段的孩子为了了解自己和周遭世界而普遍会有的行为？（具体如何判断，请参考本书第14—19页上的《说什么，怎么说，何时说——性教育的几个阶段》）

- 对于这件事，孩子有过/有着怎样的感受？他（或她）目前状态如何？

- 孩子对所发生的事情有何种程度的认知？倘若不得不再次置身于同样的情境，他（或她）是否清楚自己应该采取怎样的立场？他（或她）在多大程度上可以独立反思所发生的事情，又在多大程度上需要父母的帮助？

- 制定一些规则对于防止同样的事情再次发生是否有用？

- 是否有其他未成年人参与其中？与这些人谈谈所发生的事情是否有用/有必要？

- 让其他成年人知情是否有用/有必要？

- 最好应该由谁来与孩子谈话？是父母中的一个，还是双方？是由某个能够胜任此事的成年人与孩子谈话，还是需要专业人士出马？

需要做什么和需要避免什么
——典型情境分析十例

接下来，你将看到涉及孩子且牵涉到"性"的十个常见情境。我们邀请你来阅读并参照前面提供的分析纲要展开思考，以把自己训练成能够就"性"的问题与孩子坦诚对话的、有权威的成年人。

在前两个情境中，我们对父母双方的想法进行了示范性的演绎。我们以自身的感受和自己可能会有的反应为出发点，建构出父母之间或许会产生的某种分歧，试着想了一下可能会发生在马泰奥和克里斯蒂娜家里的事情。在余下的几个案例中，我们则希望身为父母的你们根据分析纲要展开对话（对于已经分居的夫妇来说，这也将是一项非常有益的练习）。请想象一下你们面对这些不同的情境时会如何处理。假如双方立场相去甚远，请尝试建立起一个教育同盟。

在每个案例中，你都将看到一些具体的建议和指导，提示你需要格外关注哪些问题。

以下所有内容既适用于男孩也适用于女孩。

祝探讨顺利。

情境 1 七岁孩子的吻

"昨天，我七岁的儿子马泰奥放学回家后，跟我说他已经给出了自己的初吻。我想到的是小孩子之间的那种亲昵举动，于是在厨房里坐了下来，让他给我讲讲事情的经过。结果他告诉我，朱莉娅——一个'在这些事情上最前卫'（这是他的原话）的女同学，问他想不想跟她来个法式接吻。他问：'法式接吻是什么意思？'朱莉娅解释说，就是用舌头接吻。听罢，马泰奥表示他们可以试试。就这样，课间休息时，两人去了花园里的一个隐蔽角落，在那里她吻了他。当我问马泰奥感觉如何时，他回答说：'没什么特别的，只是有点恶心。本以为会更美好呢。'"（以上是马泰奥母亲的陈述）

在马泰奥家里，什么事可能会发生？

让我们试想一下马泰奥的母亲会如何回答分析纲要中列出的那些问题："作为母亲，我真的感到很沮丧。我想起了自己的初吻：高中二年级……在学校组织的一次远足中……与一个十五岁的男生……那是一次多么炽烈的情感爆发！在它到来之前，我已经期盼了好久。一想到马泰奥把初吻当作那种可以随便尝试、看看是什么感觉的东西，浪费了原本可以创造美好经历的机会，我就难过。必须承认，孩子的讲述让我感到不安。我问自己：在他未来必经的各个人生阶段还会发生什么事呢？他会不会像对待初吻那样肤浅而又轻率地去面对？最重要的是，我想知道，他为何会决定这么早而且以这么冲动的方式去体验对我而言如此重要的初吻。"

让我们再试着想象一下马泰奥父亲的反应："当妻子告诉我马泰奥今天上午经历了什么时，我忍不住笑了。她严肃地看着我，没料到我会有这样的反应。于是我意识到，在她眼中，这件小事是很重要的。她认为马泰奥以那样的方式体验初吻有很大的问题，她都快哭了。我笑，是因为以我对马泰奥的了解，我认为他已经明白以那样一种方式给出的吻并不美好。他是那种喜欢独立思考、自己拿主意的人，有时难免会'撞南墙'，就像这次这样。当然，那个朱莉娅的胆子也的确够大的！"

马泰奥讲述了一件重要的事情，由分析纲要引出的两种想法也已经摆在面前。眼下最关键的一点，是两位家长必须决定要向孩子传递怎样的信息，该由谁去跟孩子谈，以及怎么谈。已经发生的事情是由马泰奥本人讲述的，这表明他可以与父母谈论哪怕比较尴尬的话题——这是非常积极的一个方面，我们必须说点什么，对其加以肯定，例如："我真的很高兴你跟我讲了你和朱莉娅接吻的事情。你做得很好。"

马泰奥的处境并不危险，他本人也表示那段经历没什么大不了的。尽管孩子没有明说，但还是可以凭直觉判断，同样的事情他并不想再次经历。在这种情况下，向他提一些问题，帮助他更好地消化事实、厘清思绪，可能会对他有益。比方说：

- "你觉得朱莉娅提议的那种吻适合在什么年龄体验？"
- "你觉得会有很多孩子在七岁时就像那样接吻吗？为什么？"
- "朱莉娅提议这么做时，你是怎么想的？你为什么会答应呢？"
- "如果时光倒流，你会怎么回答她？你愿意把我当成她，试着回答一下吗？"

在谈论像接吻（以及其他各种爱的举动）这样的敏感话题时，很重要的一点是与孩子分享一些将来会对其有所帮助的自我保护的规则。例如：

- "如果有什么让你感到不舒服，或是有人要你做你不想做的事情，你可以拒绝，没有人可以强迫你。"
- "假如再遇到类似的情况，重要的是一定要与某个你信任的成年人谈一谈，就像你这次所做的一样。"

至于是否要与朱莉娅的父母或与老师就所发生的事情进行沟通，得根据具体情况来权衡。比方说，假如马泰奥的父母和朱莉娅的父母比较熟，那么与他们交流一下可能会有所助益，因为这样对方就可以跟自己的女儿谈一谈，帮助她找到更适合自己年龄的表达感情的方式。假如同样的事情没有再次发生，就可以选择不与老师沟通，以免给事件附上远远超出两个孩子本意的意义。

不过，与马泰奥在下面这一点上达成共识可能是有益的：倘若朱莉娅又向他提出此类要求，或者有人见到她向其他孩子提出类似的要求，那么马泰奥最好跟父母重新探讨这件事情，因为朱莉娅可能需要有个成年人来帮助她更好地理解，哪些举动才是与他人建立关系时的最恰当的举动。

情境 2　亲嘴游戏

"我十二岁的女儿克里斯蒂娜在周六参加了一场同龄人的聚会，聚会上有人提议玩'亲嘴游戏'，即每个男孩必须与尽可能多的女孩接吻。当然，在场的女孩有拒绝任何提议的自由，但根据我从克里斯蒂娜的讲述中了解到的情况来看，她们都接受了。我女儿有些不知所措。此前她从未吻过任何人，但就在那个周六，她突然发现自己已经给出了人生中的第一个吻，或者更确切地说，是人生中的前四个吻，而且仅仅是为了让几个男孩在一次游戏中获胜。回到家时，她看上去明显很不自在，我立刻意识到她想与我谈谈发生了什么事情。我们在厨房里坐下，她含着泪，把一切都告诉了我。我静静地听着，尽量注意不去打断这如此珍贵的倾诉。最后，我问她感觉如何，她突然放声大哭起来。她说她为所发生的事情感到难过，说她本不该同意做这个游戏，说她觉得很困惑，因为她所有的女生朋友都在笑，都玩得很开心。'妈妈，'她甚至说，'我再也不想跟那些女生朋友出去玩，再也不想见到她们了。我再也不想见到任何人。'随后她就离开了厨房。她说她想独自一人在房间里待一会儿，好好地想一想。"

在克里斯蒂娜家里，什么事可能会发生？

克里斯蒂娜的母亲感知到了女儿参加完聚会回来时的不安心绪和与人交谈的需求，并表达了倾听的意愿。女儿讲述了聚会时所发生的事情，在讲述的过程中也显露出了自己的情绪。她明显受到了情感上的冲击，渴望向妈妈敞开心扉，但之后又回到了自己的房间。此时，就父母这一方而言，很重要的一点是尊重孩子的这种独处的需要，不要去打扰她。

看到女儿这样，克里斯蒂娜的母亲感到非常难过。她跟丈夫说了这件事情，两人一致决定先让孩子稍稍平复一下心情——眼下女儿没有危险，有问题的状况已经结束，因此不必急于干预。两人达成共识：接下来与孩子谈话的人应该仍是孩子的母亲，因为她是克里斯蒂娜自己选中的倾诉对象。

过了足够长的一段时间（至少一小时），母亲心平气和地走进克里斯蒂娜的房间，手里还端着一只托盘，托盘上放了一杯热巧克力和几块饼干。确认女儿感觉好些了之后，她跟女儿聊起了自己的初吻，与她分享了自己当时的感受："我很晚才经历初吻。那会儿，我觉得这么晚才给出初吻似乎不是什么好事。我所有的女性朋友都在谈论她们疯狂的吻，我却总是无话可说。当时我觉得自己长得很丑。事实上，曾有几个男孩试图吻我，但我对他们完全没有感觉。当我认识西莫内的时候，一切都变得不一样了。我立刻感到他对我来说是很特别的一个人。克里斯蒂娜，你仍可以继续憧憬自己的初吻！今晚的那些吻是被人偷走的。我能想象你的感受。你生所有人的气，甚至生你自己的气，因为你没能说出自己的真实想法，没能告诉大家那个游戏让你感到恶心。现在，你可以试着跟我说说你的想法——你会发现，说出来以后，你会感觉好一些。"

现在，克里斯蒂娜可以畅言事情的经过，而不会感到自己正遭到评判或是审判。母亲给予了她一种积极而有效的倾听，和她说了一些关于自己的事情，讲了自己的亲身经历，重点细述了自己当时的感受。通过这种方式，这位母亲为女儿提供了一些可供反思的素材，使她能够将"已经发生的事情"（即她的朋友在聚会上引导她做出的事情）和"本可发生的事情"（即她原本希望会发生的事情）加以对照，对所发生的事情和自己的情绪加以梳理，赋予既成事实以意义。

情境 3　在他人面前触摸自己的生殖器

"昨晚发生了一件事情，让我深受困扰。由于丈夫在外工作，我和十一岁的儿子卢卡一块儿吃了晚饭，然后决定一起看部电影。我俩各占一张沙发，因为这样比较舒服。他躺下后，在身上盖了一块格子花呢毛毯取暖。电影非常有趣，一切都很好，直至我注意到儿子的毯子底下有一些奇怪的动静。我用眼角的余光瞥了一会儿，发现他正以一定的频度揉搓自己的阴茎。起初，我没有太在意——在他更小的时候，我也见过他触摸自己身体的私密部位，那只是一瞬间的动作，很快就会结束。然而昨晚，他似乎永远不打算停手。我僵坐在那里无法动弹。我不想让他感到内疚，但与此同时，我感到很不舒服，只盼着这一切可以尽早结束。谢天谢地，他突然起身去厨房拿水喝，还问我渴不渴。我满脸通红，但除此之外，表现得就像什么也没有发生一样。他的身体已经开始发育，生殖器官刚开始发生转变，我觉得他有这种体验性兴奋的欲望是正常的。当然，作为母亲，对于孩子在离我仅有几米远的沙发上手淫，我还没有做好心理准备。"

关于思考应对方法的若干建议

让孩子产生羞耻感或负罪感是没有意义的，倒不如引导孩子就以下事实进行反思：与"性"有关的行为是私密的，需要谨慎为之。

许多孩子会在不知不觉中触摸自己的生殖器，原因是无聊或是想放松一下——躺在沙发上看电视的时候他们可能就会这么做，就像他们在更小的时候所做的那样。在前青春期，身体会发生转变，发出新的信号，产生男孩女孩尚不知晓的新的需求。体验性兴奋的欲望，是闯入他们生命中的一种全新的感觉。

此处描述的情境对父母来说可能会是一个绝佳的契机，他们可以借机与孩子谈论"生殖器官的发育"和"如何管理身体的转变"这两个话题。就像我们已经多次指出的那样，我们必须传递给孩子的主要信息是：产生体验性兴奋的欲望是正常的；"性"是一样美好的东西，能给人以强烈的愉悦感，但为了很好地体验它，所有人都需要遵循一定的规则。在此处谈论的这个例子中，这条规则就是：当有其他人在场时，不可以触摸自己的生殖器，因为这会让其他人感到非常尴尬，而且破坏了文明社会的基本行为准则。那位母亲可以对儿子说："假如你在和我们一起看电视的时候触摸自己的生殖器，我会感到不自在的。"

如果换作是你，你会怎么做呢？现在，请参照我们提供的分析纲要，试想一下你会如何处理这样的情况。

情境 4　破坏课堂的色情内容

"今天上午，学校里发生了一件让我目瞪口呆的事情。当时，我儿子的班级正在电脑教室里以小组的形式开展活动。我儿子保罗和他的同学卢卡、乔瓦尼被老师逮到在电脑上看女孩的裸照。老师严厉地斥责了他们，把他们送到了校长那里，校长立即联系了我们几位家长，约我们今天下午在学校里见面，就所发生的事情再次进行沟通。放学后，我去接保罗回家，保罗一上车就放声大哭起来。'对不起，爸爸。我真的很蠢，居然干那种事。是卢卡出的主意。'当时我对他非常生气，但他的眼泪让我陷入了'瘫痪'状态。我一时语塞，只说他可能要承担一些后果。此刻我正要去参加校长召集的与涉事孩子家长进行沟通的会议，我真的不知所措。"

关于思考应对方法的若干建议

在保罗及其朋友的越界行为中，有几个方面需要加以考虑。

首先是事情发生的环境：上课时间在学校的电脑上看女性的裸照是对校规的破坏和对老师的极大不尊重，这就是为什么三个男孩将会受到惩罚。换句话说，使越界行为变得严重的（甚至比内容本身还要严重）是它发生的时间和地点，因为这使该行为有了其他的意义。学校的规章制度被违反了。此时，几个男孩必须意识到，在类似情况下，必须有成年人站出来让界限得以恢复，而他们自己则将承担相应的后果。

另一个非常重要的方面是，与事件有关的成年人（父母、老师和校长）必须结成一个教育同盟。有一点很重要，即被召集的家长不应感到自己正在被人评判，而要以"校方首选求助对象"的身份来帮助孩子处理所发生的事情。如果家长只顾捍卫自己和孩子，就会分散对"提高孩子对自身行为的认识"这一根本目标的注意力。倘若哪位家长说出"有什么大不了的？是个人都看过裸体女人的照片"这样的评语，就会降低孩子从犯下的错误中学到重要的东西的可能性。

探讨一下几个男孩为什么会有这样的行为，借机对他们进行性教育，与他们聊一聊这个年龄段的孩子对性兴奋的自然需求，同样重要。成年人需要帮助保罗、卢卡和乔瓦尼思考他们正在长大这一事实，思考他们正在经历的转变，包括在"性"这个方面的变化。但与此同时，也要让他们认识到这并不意味着他们可以越界，受到惩罚的是他们的越界行为，而非对性兴奋的渴望本身。

最后，需要指出的一点是，让涉事的几个男孩在补救行动中担任主角很重要。成年人必须帮助这几个男孩重建与那位老师的同盟关系。比方说，可以要求他们制定一份在校内使用电脑的规章制度，并将其贴在教室里。

情境5 集体旅行期间的色情信息传播事件

初中二年级从未组织过时长超过一天的集体旅行。因此，去佛罗伦萨旅行的想法令所有人都很高兴，几个星期以来，这成了班上的唯一话题。出发的日子终于到了。爸爸妈妈与一早就起床的小探险家挥手告别，之后，所有的孩子就朝着世界最美丽的艺术城市之一——佛罗伦萨出发了。他们参观了美术馆和教堂，在自由活动时间逛了无数家小店，到了晚上才回到旅馆。"现在抓紧时间冲个澡，一小时后下楼吃晚饭。"老师宣布道。所有人都上楼走进了指定的房间。

卡洛、托比亚和雅各布住在 121 号房间。三人从小学起就是朋友，还在同一支足球队踢球。他们早早就约定，去佛罗伦萨旅行时要住在同一个房间。第一个冲澡的是托比亚。他走进浴室，想把门反锁，却找不到钥匙。于是，他告知两个朋友："浴室的门钥匙不在。你俩要是敢在我洗澡的时候进来，我要你们好看。"他刚转身关上浴室门，卡洛就想到了一个可以跟他开的玩笑。他拿起手机，等听到浴室里响起冲淋的水声时，过了几秒钟悄悄打开浴室门，然后猛地拉开淋浴房的玻璃门，对着托比亚的臀部拍了一张照片。托比亚开始冲他喊叫，要他马上把照片删掉，但卡洛转身就把照片发到了班级群里，还附了一句："猜猜这是谁？"

大家下楼吃晚饭时，谈论的都是这张照片。老师注意到孩子当中有一种异样的躁动，便让一个孩子把手机交给她，就这样看到了那张照片。旅行回来后，班上所有孩子的家长都被召集到学校讨论所发生的事情。

关于思考应对方法的若干建议

这是一个相当复杂的情境，可以从几个角度进行分析：从受害者父母的角度，从拍下那张照片并将其发布到群里的卡洛的父母的角度，从收到照片的同学及其父母的角度，以及最后——从老师和校长的角度。每一方都必须参与到对这个严重的越界行为做出补救的具体行动中来。

首先需要指出的是，任何描绘未成年人的身体私密部位的图像都被视作儿童色情内容，因此，拍摄或持有此类图像的人都是在犯罪，这样的行为可能导致邮政—通讯警察的介入并引发刑事诉讼。在此前提下，成年人之间建立同盟关系的重要性就凸显出来了，因为只有这样才能以最好的方式处理当下的局面，尽可能将照片彻底销毁。在这个案例中，照片只在班级的聊天群里传阅，但首先还是要确认是否除此之外没有其他人看到过它。由于照片没有拍到人脸，所以它可以从全班同学的手机上被删除，而不会给托比亚带来更多的麻烦。每位家长都必须确保自己孩子的手机里已经没有这张照片了。

这次的事件为班上所有孩子的家庭提供了一个谈论"传播色情信息"这一行为的契机，父母可以告诉孩子这是一种犯罪行为，可以向孩子解释受害者会受到严重的冒犯，可能会因此承受很大的痛苦。校方相关人士必须兼具"制裁"和"教育"的双重功能。卡洛必须受到处罚，和他一起计划如何对托比亚进行补偿也很重要。此外，需要与全班同学一起回顾所发生的事情，赋予这段经历以意义——从这次的错误中学到东西对每个人（包括卡洛和托比亚在内）都非常重要。

托比亚的父母必须弄清自己孩子的心绪有多混乱，在这么做的过程中需要考虑诸多因素，例如：他是否能用语言表达自己的感受？他是否感到卡洛对他作出了补偿？他如何看待班上同学的反应？这次的事情对他来说意味着什么？卡洛的父母则必须与学校联手，使孩子认识到自身行为的严重性。所传递的信息必须强烈而清晰，不可有丝毫含混之处。

请把自己分别想象成受害者托比亚的父母和犯错者卡洛的父母，按照前面提供的分析纲要，试着分析这一事件。

情境 6　情书

保拉找到她的妈妈——看得出来，她脸上的表情很尴尬。"妈妈，我得告诉你一件事情。"妈妈坐了下来，平静地答道："我洗耳恭听，迫不及待想听你讲。"于是，保拉垂下眼帘，递给妈妈一张纸，上面是某人用电脑打印出来的字："你是班上最美的女孩。每当看见你，或是想起你，我的大脑就一片空白，整个人兴奋得不能自已。我迫不及待想从头到脚地吻你，真心希望你能成为我的女朋友。如果你想跟我在一起，下午五点半我们在公园的长凳那儿见面。"待妈妈读完这段文字，保拉说她不知道是谁把这封信塞进了她的日记本里，尤其说了她感到非常尴尬。"你觉得我该怎么做？"她问妈妈。妈妈此时正面带微笑地看着她，但内心并不清楚怎样回答女儿才最好。

关于思考应对方法的若干建议

整个情境中最重要的一点是，保拉决定向妈妈吐露自己的不安。这表明母女之间存在一种良好的关系，而这样的关系是进行教育的绝佳条件。

针对女儿向妈妈提出的那个问题，成年人首先可以做的是了解女孩的脑中的想法和内心的感受。比方说，可以问她："你想对给你写这封信的人说什么？"或是问她："这封信没有署名，对此你怎么看？""你想怎么做？"通过仔细倾听女儿打算如何应对这样的局面，那位母亲可以获得很多信息，对女儿做决定和处理类似问题的能力有个判断。在许多情况下，只消帮助孩子"自问自答"，让他们知道如何选择最安全的做法就够了——比方说，永远不要答应与身份不明的人见面，以及当发生让他们感到紧张不安或不知所措的事情时，一定要与自己信任的某个成年人谈一谈。作为父母，你们的主要目标是训练孩子，使他们学会分析情况和反思自身选择的后果。

情境 7　角色扮演游戏

八岁的露西娅经常去比她大一岁的马蒂亚家玩。他们的父母是非常要好的朋友，两家人经常（特别是在周六晚上）会在一家聚餐。在这个星期六的聚会上，露西娅的母亲忽然意识到，露西娅和马蒂亚离开父母的视线已有将近十分钟了。于是，她决定去看看他们在哪儿，在干什么。当她打开露西娅的房门时，她发现女儿正趴在地上，长裤和内裤稍稍拉低，一旁的马蒂亚正用一支笔假装在她的臀部打针。当发现有人看他们时，露西娅马上拉上了裤子，马蒂亚的脸也涨得通红——事实上，那位母亲的面孔同样变了颜色。

关于思考应对方法的若干建议

在这个情境中，那位母亲意外目睹了一场角色扮演游戏：自己的女儿正假装看医生，而且还拉低了内裤。这个情况本身并不带有性意味，但在玩类似的游戏时，孩子可能会好奇地探索自己的身体的裸露部位，同时也想看看别人的身体是什么样的。年幼的孩子之间不存在情欲，也不存在性兴奋。然而，母亲进入房间后却造成了所有人的尴尬，就好像两个孩子认为这个游戏在私底下玩是正常的，但在大人面前玩就很难为情似的。他们仿佛在对自己说："或许没必要拉低裤子的。"

这也是一个进行性教育，让成年人和孩子皆能表达自身感受的机会。那位母亲可以这样问女儿："我走进房间的时候，看到你的脸都红了。你为什么会脸红呢？"或者可以问她："你们当时在干吗呢？""你喜欢玩那个游戏吗？"她还可以借下面这番话帮助女儿找到参与此类游戏的恰当方式："所有孩子都会玩假扮医生病人的游戏。轮流假装在游戏中照顾对方是一件很好的事情。但是，很重要的一条规则是：身体的私密部位是每个人的隐私，没有人可以要求你把私密部位露出来；假如玩这个游戏时有人要你拉低内裤，你可以拒绝，没有人可以强迫你这么做。"重要的是不要让露西娅为自己所做的事情感到羞愧，而要帮助她更好地理解今后应该如何参与此类游戏。

面对这样的情况，你会如何处理呢？

情境 8　公园里的热吻

卢卡今年十二岁，即将结束初中第一年的学业。他和索菲娅在一起已经有三个月了。这个初中三年级的女生让他感到非常快乐，也是众人瞩目的焦点。当卢卡、索菲娅与其他朋友一起外出时，即便只是去吃个冰激凌，两人也总能找到一个（甚至算不上很隐蔽的）地方，抱在一起久久地热吻。卢卡的一些朋友不喜欢他这样，因为自从和索菲娅在一起后，他除了不断与她接吻，什么都不干。于是，其他男孩开始背着卢卡出去玩，也跟自己的父母说过这件事。罗伯托的妈妈和卢卡的妈妈是非常要好的朋友，因此，有一天下午，她决定把这件发生在这群孩子中的事情告诉卢卡的妈妈。卢卡的妈妈第一次得知一切——儿子与索菲娅在公园里热吻，以及他的朋友在他俩当着大家的面亲热时感到不适。在听自己的朋友讲这件事情时，卢卡的妈妈感到很尴尬，不知该作何反应。

关于思考应对方法的若干建议

卢卡的妈妈是从朋友口中得知一切的。向她讲述所发生的事情的人并不是她的儿子，这表明卢卡并未意识到眼下的情况是个问题。这位母亲首先得想清楚她在自己的朋友面前要如何表现：是向她表示感谢呢，还是一味感到尴尬，或是觉得自己正遭受评判？之后，她还得决定要对卢卡做些什么。

此时，教育的首要目标应该是帮助孩子把大脑中负责情感的部分（当下它让卢卡产生与索菲娅独处的强烈渴望）和大脑中负责认知的部分（它或许可以帮助卢卡反思自己与索菲娅的恋爱模式）重新连接起来。卢卡不认为自己的行为有任何问题，一心想与索菲娅待在一起，体验那种愉悦感。卢卡的父母首先应当帮助儿子从不同的视角审视自身的行为，比如可以这么问他："你的朋友是怎么说的？你花了多少心思去维护与他们之间的友谊？你有多少时间是不和索菲娅待在一起的？"通过这种方式，父母将促使孩子意识到，在这个年龄段，过于排他的恋爱关系对他是没有好处的，反倒会阻碍作为成长基础的其他各种经验的积累。与此同时，卢卡的父母也亟须为这种密集的交往行为设定一些限制。两个孩子需要一些来自外部的干预，以便重新找回在这个年龄段中有好感的双方应保持的适当距离。

情境 9　电影里的性爱场面

全家人都聚在电视机前。妈妈、爸爸，还有两个分别是八岁和十岁的孩子，正一起看电影。电影讲的是两个二十岁的年轻人离开自己的国家去澳大利亚找工作的故事。这是一部引人入胜、趣味盎然的电影，但里面还有一条爱情线——这两个年轻人相爱了。此刻，屏幕上出现了这样一个画面：在充满性挑逗的氛围中，两人一件接一件地脱光了对方的衣服，很可能正准备做爱。父母尴尬地对视了一眼：妈妈很想扑向遥控器换台，爸爸则完全不知所措。与此同时，两个孩子却饶有兴味地看着影片中的这一幕。

关于思考应对方法的若干建议

当务之急是，这对父母要为全家人在面对这一性爱场面时感受到的情绪提供一个话语上的出口。例如，他们可以说："在电视上看到男女之间如此亲密的画面肯定会有点尴尬。做爱是人们在私底下干的事情，所以这会儿我们大家一起看就会觉得不自在。"通过这样的话语，父母可以很好地表现出自己已经识别出并且接受了孩子此刻肯定会有的情绪，同时也表明自己不怕谈论某些特定的话题。这是一个训练自己以日常生活中的事件为切入点，在家庭内开展性教育的大好时机。这时父母还可以问孩子：

"看到这样的场面，你们有什么感觉？"或是："你们有什么想问我们的吗？"

请尝试在想象中将自己置于同样的情境，并参照分析纲要进行分析。

情境10　那个老爱摸我屁股的男同学

小学五年级学生马丁娜放学回家时气鼓鼓的。爸爸立马注意到女儿目光阴郁，紧绷着脸。"怎么了，马丁娜，今天在学校遇到不开心的事了吗？"他问。"我再也受不了蒂齐亚诺了。他好讨厌，我再也无法忍受了。""蒂齐亚诺干了什么事情，让你如此无法忍受？"面对爸爸的提问，马丁娜放声大哭起来。爸爸把她揽进怀里紧搂了几秒钟，然后请她讲讲发生了什么事情。于是，小姑娘流着泪解释说，几天以来，蒂齐亚诺老是对她做一件他自己觉得只是个玩笑，但让她完全无法忍受的事情：课间休息时，他会躲在拐角处或是走廊中间的柱子后面，当马丁娜经过时，就突然跳出来，摸一下她的屁股，然后大叫："玩笑，小玩笑，你的小屁屁真是呱呱叫！"当然，他只在确定附近没有大人的情况下才会这么做。马丁娜说蒂齐亚诺也会对其他女同学开同样的"玩笑"，但对她这么做时似乎特别来劲。爸爸一边仔细听女儿讲述，一边思考怎样才能帮助她摆脱这样的处境。

关于思考应对方法的若干建议

在这种情况下，当务之急是帮助马丁娜终止蒂齐亚诺对她所做的缺乏尊重的行为。这位父亲很用心，立刻捕捉到了女儿的不适，并问："怎么了，马丁娜，今天在学校遇到不开心的事了吗？"这个问题让她明白父亲能够感受到她的情绪并且想要帮助她。女孩开口向父亲倾诉，这表明她认为父亲是一个重要的参考方，她可以对其敞开心扉。

这位父亲现在必须决定是亲自介入解决问题，还是让女儿直接去与那位男同学交涉，自己在暗处给予她支持。面对类似的情境，分析纲要里的以下这条能很好地帮助父母做决定："孩子目前的处境危险吗？是否需要及时干预，以保证孩子的安全？"事实上，在这个案例中，尽管眼下的情形让女孩感到非常不舒服，但她并不面临真正的危险。

需要探究的另一个方面，是马丁娜在与父亲聊过并商定解决问题的策略后，是否觉得自己有能力与那位男同学直接进行交涉。

假如马丁娜的父母与女儿商定由她独自去跟蒂齐亚诺谈这件事，那么马丁娜可以先试一试，看看自己是否可以在有能力应对此事的成年人的指导下，同那位男同学把事情说清楚。尝试去解决问题无论如何都是一种很好的训练，可以帮助孩子发展出自我效能感，即让他们觉得自己能够有效地对置身其间的现实进行干预。

为了明确将要使用的策略，父母可以向马丁娜提一些问题："为了让蒂齐亚诺不再触碰你的臀部，你打算跟他说些什么？把我当成蒂齐亚诺，先试着对我说说看。""假如之后他还这么做，你能做些什么或说些什么？先试着说给我听听。"

在预演沟通场面的过程中，可以让马丁娜练习一下与那位男同学说话时使用的语气。语气坚定地表示拒绝是终止令人不快的行为的最有效的方式。另外，假如马丁娜流露出痛苦的情绪或是显得真正遇到了困难，父母可能就有必要约老师见面（见面时也让马丁娜在场），共同商定如何在成年人的调解下与蒂齐亚诺谈这件事情。在这种情况下，让蒂齐亚诺的父母也参与进来将非常重要，而且十分必要。

第二部分
情感篇

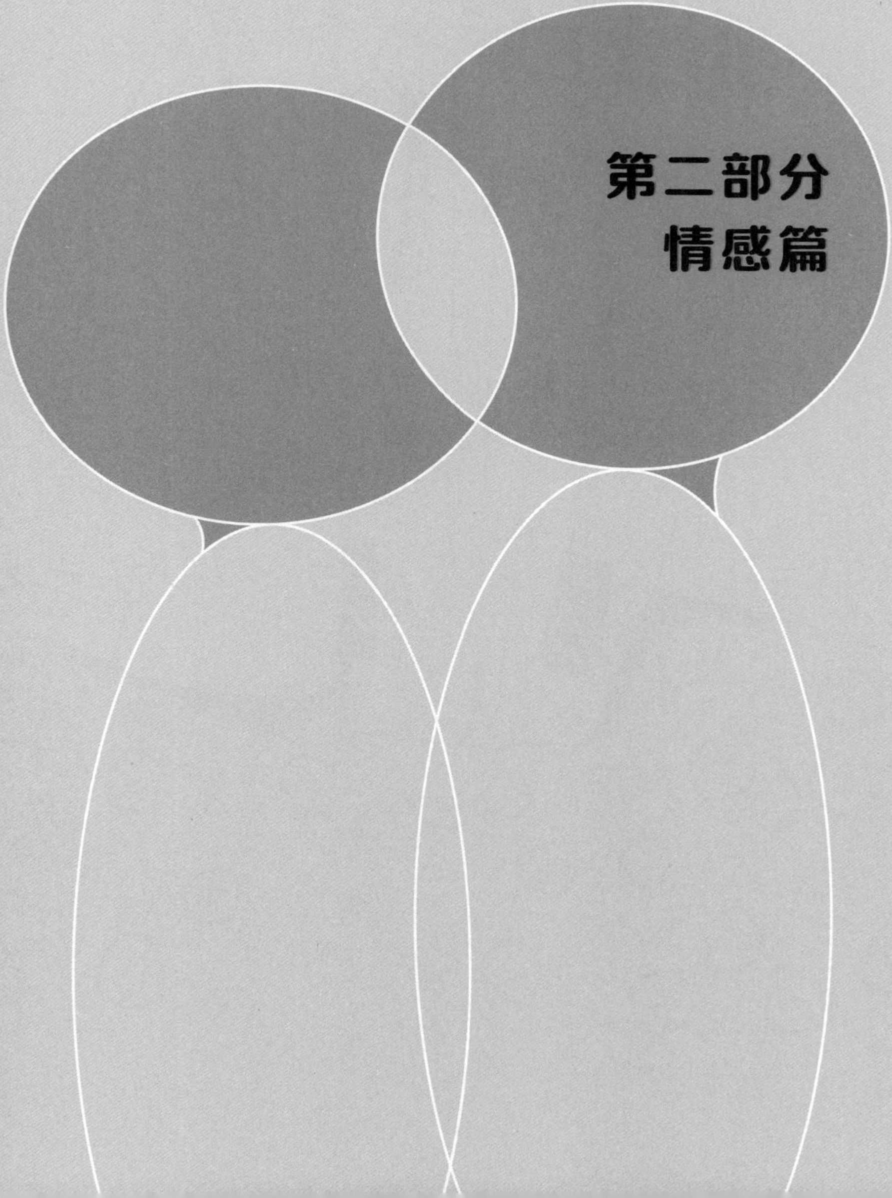

克里姆特《吻》

关于第一次亲吻的故事

在本书的这个部分，你会读到三十九篇文字，它们将以讲故事的方式帮助你和孩子谈论与"第一次亲吻"这一经历有关的各个关键层面，以及从广义上来说，谈论如何与另一个人建立亲密关系。我们想象了许多对于第一次亲吻（有严格意义上的，也有宽泛意义上的；有已经给出的，也有未能给出的）的描述。在这些故事中，主人公会讲述自己的初吻进行得如何，尤其是分享他们各自的感受。有些故事中的吻发生在很久以前，仿佛是身为父母的你在向孩子讲述自己的初吻；但在另一些故事中，你也会听到当下年轻人的声音。

亲吻是使两人得以步入一段深层关系的第一个举动，而且还将伴随肢体动作。因此，这样做的前提是，两人要清楚哪些界限对方可以跨越，而哪些界限对方必须学会尊重。初吻常常伴随着深沉的情感和强烈的欲望，但也并不总是如此：有被偷走的初吻，有为了好玩或打赌而送出的初吻，也有在强迫或仅仅在暗示之下给出的初吻。重要的不仅是一个人在接吻时的所做所感，还有其所思所想以及其赋予这一举动的意义。吻，尤其是第一次亲吻，会向参与其中的两个人传达许多东西。鉴于这一点，让第一次亲吻在双方的关系达到深度和谐的状态、相互尊重和共情的情况下发生是很重要的。

在这些故事中，我们试图呈现出形形色色的体验第一次亲吻的方式。首先，一半故事的主人公是男性，另一半的故事则与女性经验有关。这种区分在我们看来至关重要。男性几乎接触不到任何与情绪和情感上的成长有关的叙事。面向男孩的男性叙事往往侧重于行动，即人们所做的事情，极少用语言来表达行动本身的意义和蕴含的情感。于是，男孩往往只能接收到一连串的动作信息。事情一件接一件地快速发生，这时他们或许会感到非常兴奋，却很少思考或者干脆完全不思考。在我们看来，为男孩提供由相同性别的同龄人讲述的第一次亲吻的故事，是帮助他们找到自我讲述的语言、分享情感状态的一种方式，有助于他们获得口头表达能力，使他们在恋爱中有能力谈论这段关系蕴含的种种特别之处。

作为心理治疗师（以及身为父母），我俩常常发现自己面对的男孩"缺乏"某种语言，并且，与讲述他们所做之事的语言相比，当生活在他们的情感记忆中留下印记时，可以被他们用来诉说自身感受和情绪的语言更加匮乏。

获得这种能力对男孩来说非常重要，对女孩亦是如此：阅读这些故事时，她们可以与女主人公产生共鸣，或是通过在一定距离外观察这些也可能发生在她们自己身上的事情，审视自己在相似的情形下会有怎样不同的反应和表现。

另一个在我们看来至关重要的方面是，尽管事实上并不存在正确的吻和错误的吻或是完美的吻和不完美的吻，但在半数的故事中，主人公最后对这段经历的感受都是不舒服或不满意的。在主人公和对方之间，或是在主人公、对方和周围人之间，存在一些因素把本应成为主人公生命中最难忘时刻之一的体验变成了另一种东西，一种在他们的心里留下苦味的经历，一种使他们在面对自己或眼前人时自觉像局外人的经历。这种"消极叙事"有助于我们把注意力集中在能够说明初吻缘何会出问题的背景（人物关系、环境或是开启这一经历的方式）之上。

有美好的吻，也有糟糕的吻。倘若第一次亲吻成了一种糟糕的体验，必定是因为两人之间有了某种突然的"加速"，或是某次互动没有考虑到彼此情感的和谐程度和相互尊重的程度。重要的是让处于前青春期的孩子（无论男孩女孩）学会从我们即将描述的种种情境中辨识出分歧与不和谐的元素，因为通过练习去理解是什么把本该美好的经历变得令人不悦，他们可以为自己绘制出某种意义上的心理地图，在探索情绪、情感、爱和亲密关系的领地时将其作为参照，从而避免自己受困于操纵性的关系，使自己不会仅仅为了被别人接受而强迫自己去做某些事情。

因此，我们相信我们提供的这些故事会对你和你的孩子有用。你可以和孩子一起阅读这些故事，或是让他们自行阅读。这些故事可以滋养孩子的幻想（我们已经解释过性幻想的重要性），帮助他们学习如何谈论自己的情感，兴许还能满足他们没有勇气向你袒露的某些好奇心。此外，这些故事也可成为你发起家庭对话的绝佳契机。

不过，这些对于第一次亲吻的体验的讲述首先是面向身为父母的你们的：它们可以帮助你们更好地进入成年人常常难以涉足的孩子的世界，进入他们最深的情感（包括恐惧）。只有更好地理解孩子，你们才能在他们探索"性"的旅程中为其提供真正的支持——在这段全新的旅程中，孩子将一次次地投身探索，但同时也需要有权威而可信的成年人在身边与他们交流。

故事 1　绿洲 ①

就像那回妈妈用一块湿手帕为我擦拭嘴唇一般。当时，我整个人由内到外都已干涸，妈妈的那个举动好似沙漠中出现了一片绿洲。我从未见过绿洲，也从未见过沙漠，但我能够想象那种效力。

你不停地走啊，走啊，寻找阴凉之地，渴望水，祈盼一丝凉

---

① 根据原文语法，此故事的讲述者为男性。

意。但周遭却只有燥热和汗水。汗水——你能见到的、能感觉到的、能触摸到的唯一的湿润之物，你自己身体的产物。

在被送往医院并接受了紧急手术后，我昏昏沉沉地睡了过去，置身于一片悬而未决的边缘地带——燥热、疼痛、恶心、干渴、异味……每一种感觉都挟持着我。我感觉到了一切，却什么也弄不明白，直到嘴唇上的那股凉意改变了一切。

别停下，妈妈，一整晚都别停下。

尽管脑中这样想着，我嘴里却说不出来。然而，妈妈却表现得仿佛我正朝她大声疾呼一般。不知又过了多久，但我有一种感觉——我几乎能够确定，是那片阴凉之地，是嘴唇上的那股凉意挽救了我的生命，把我带回到一个我又可以触摸一切、感受一切和品味一切的世界中。

你的吻也有这样的魔力。当我在嘴唇上感觉到它的时候，我知道，它将缓解由最近几个月的等待导致的、让我的双唇日渐干枯的燥热。此刻，我又一次感觉到了一切，却什么也弄不明白。我感受到生命从我体内穿过——它有着你的气息、你的味道。你就是我的阴凉之地，而我，再也不想从这里走出去。

当我再次醒来时，请让生命盈满我，浸润所有的干涸地带。

成为我的绿洲吧。

故事2　惩罚 ①

"你输了，这次轮到你受罚。"

"不对，露西娅才是最后一名！"

"没错，但她跑的时候扭伤了脚踝，已经出局了。"

"这不公平！你们总是判我受罚。"

"你要是不干就走开，再也别来跟我们玩了。"

"好吧，告诉我这回罚什么。但我真说不准以后还会不会跟你们一起玩。"

"你必须跟我们所有人亲嘴，亲我的时候还得把舌头伸到我嘴里。"

"不，这个不行，想都别想。"

"那就走开，再也别回来了。"

于是我闭上了眼睛。他们四个都靠了过来。罗伯托比我还害羞，假装轻轻滑过我的嘴唇，其实根本没碰到我。保罗这个通常的输家试图用力撬开我的双唇，但卢乔一把拉住了他，对他说："你在干吗？只有我能把舌头伸进去！"蒂齐亚诺被卢乔的这个反应吓到了，只是轻轻贴上我的嘴唇，随后就立即松开，走掉了。

接着轮到了卢乔。他让我觉得恶心，好想逃开。但那个吻对

---

① 灵感来源于加布里埃莱·萨尔瓦托雷斯（Gabriele Salvatores）执导的电影《有你我不怕》（意大利，2003年，剧情类，95分钟）开篇的场景。——作者原注

我来说不会是一次败北，而将成为一场凯旋。他自以为会让我蒙羞，而我将向他展示我俩之中谁才是更强大的那个。

他用双臂紧紧地抱住我，仿佛是为了逮住我。他还真把我当成了猎物。他把脸贴到我的脸上，身上散发着烟草和污垢的味道。我始终睁着眼睛，在眼神中注入挑战，而非恐惧。他用嘴唇和牙齿向我施压，以把舌头伸进我嘴里。我感到那块肉抵着我的上颚，像是要把它削成片似的。我让它在那里安稳地待了五秒，仿佛在对他说："请自便。"然后我猛地咬紧牙关，他随即发出了一声惨叫，我则咬得更紧。

最后，我松开口。他倒在地上，我趁机跑开了。他咆哮怒骂。与此同时，我放声大笑，边笑边想：这下，他永远都别想忘记他的第一个舌吻了。

故事 3　惊吓

她闪身而入，拉起我的手，把我也拽了进去。她把身子靠在41 号小屋的门板上。

我的心跳得如此剧烈，发出如此大的声响，我好怕我会听不见妈妈从海滩回来时木屐的踢踏声。与此同时，她紧紧抱住我，隔着泳衣将我的尴尬洞察。她笑了，然后把双唇贴在了我的唇上。就只是嘴唇，柔软的嘴唇，相互掠过、相互触碰、相互倚靠的嘴唇。黑暗中，光线从小屋木板的缝隙透进来。屋里很热，我却浑身打了个激灵。

让它立刻停止。

让它永不停息。

让妈妈立马赶到。

让妈妈永远别来。

让一切在此刻定格。

让时光飞逝，千分之一秒后又迎来下一个吻。

让一切发生。

让什么都别发生。

她说："我期待的比这更多。本以为你会更有经验呢。去吧，回到你妈妈身边去。"她打开屋门，用拽我进屋的那只手把我丢了出去。一切都在旋转，我不得不坐下来缓一缓。

不知过了多久，我突然感到妈妈在摸我的脊背。"马尔科，我给你打电话你为什么不接？我都吓坏了！"

吓坏了。

没错，惊吓，正是这种感觉。

故事 4　如此美丽

"要是你想，现在可以吻我。"

"这怎么行？你爸在窗口看着呢，而且一分钟后你就得进屋。我们的初吻不可以这么匆匆忙忙的。"

所以你就转身进去了。你感到很受伤。但我给你发了一条短信："明天十点。穿得好看点儿。"

第二天十点，我来到你窗下，又给你发了一条短信："出来吧。"

你关上身后的门，身上的香味似乎已经飘抵我的鼻尖。我躲在墙的后面，但是你没有看到我。你环顾四周，好像很生气。我在墙后挥动着一枝玫瑰，这画面一定很可笑。你看见了玫瑰，还有一只抓着它的上下左右乱舞的手。于是你奔向那朵玫瑰，也奔向了那只手。你抓住那枝玫瑰，我则抓住了你抓到玫瑰的手。然后我吻了你。这不是昨晚你想在自家门外给我的那种匆匆一吻，而是一个很长、很长的吻。之后，你就这样站在我面前，手里拿着那枝玫瑰。

在接下来的岁月里，你再也没有如此……美丽过。后来你有过优雅的美，顽皮的美，世故的美，撩人的美，莽撞的美，以及其他形形色色的美。但你再也没有如此美丽过。

故事5　窃贼[①]

你从我这里偷走了它。这不算数。我并不想要它。你压在我嘴上的双唇就像鸡肉冻，就像八月路面上蜗牛的黏液。

---

① 根据原文语法，此故事的讲述者为女性。

我不想要那个吻。你偷走了它。你是爱的窃贼。偷爱的人搜集到的是痛苦，奶奶朱莉娅总这么说。

此刻，我吻着镜中自己嘴唇的影像。我就这么站在那里，用双唇揉擦着冰凉的玻璃——它不似你鸡肉冻般的嘴唇，不会被我的体温融化。

那天，母亲发现我站在那里，贴在浴室的镜面上。她先是笑了，然后走进另一个房间，给父亲打了电话。

"现在有个问题。"这是她在电话里说的头六个字。

没错，现在有个问题——外面有人在偷走别人的吻。但此事，我的父母并不知情。

给那些人一个教训。倘若他们像你对我所做的那样偷走了别人的初吻，甚至可以判他们死刑。

作为报应，我将继续与浴室镜中的自己接吻，并且从此再也不吃鸡肉。

故事 6　坏女孩

瓶子停止旋转的时候，瓶口刚好对准了我。当时你已经站了起来。你在期待。我看到了——看到了当你发现那个人是我而不是马尔科时，脸上露出的那个小小怪相。

没错，正是我，不是马尔科。

然后你一如既往，表现得满不在乎。你想让所有人都看到你就是你。你想让所有人都明白你是谁。

没错，你就是这样的人。

于是我从一圈人中站起身，走到你身旁——不，是你面前。

你闭上了眼睛。

我则双眼大睁。

你问："还在磨蹭什么？"

"坏女孩。"我心想。

"还在磨蹭什么？"你又问了一遍。

于是我朝着你的嘴唇和舌头咬了下去。

你一声尖叫，然后哭了。

你是你，而我是我。

我的初吻，带着一股殷红血液的味道。

一个坏女孩的血。

故事 7　我不知道 ①

我不知道该把嘴唇放在哪里，也不知道舌头是该留在外面还是伸到里面。我已经在网络上查了好几天，但所有指示都是一样的，同时又各有各的不同。我认识到我必须找到自己的方式，但既然是我自己的方式，网络上现在肯定还不会有任何记载。没

① 根据原文语法，此故事的讲述者为男性。

错——眼下，就连我自己都不知道它会是什么样的。

然后我就嗅到了你的香气——如草莓，似月桂，两相混合，融于一体。也许，那只不过是你嘴里的口香糖的味道。我用上了我的舌头，我的嘴唇，我的牙齿，我的一切。

你笑了，但不是在笑话我。你爱我。

然后你说："你别动，让我来。"

于是你就这么做了。

我什么也没做，但一切都已发生。

我不知道，下回是该用你的配方，还是用我自己的。

给我发个信息，告诉我你喜欢哪种。

故事 8　环绕着我们的，是巴黎

四下一片漆黑，只有你的眼眸在半明半暗中闪动。

绝不能让隔壁房间的罗泰利老师发现，否则我们会被停学。

雅各布正在附近的一张床上打着鼾。

他没看见我放你进来，也没看见门被打开时旅馆走廊里的光亮如利剑般刺破了房内的黑暗。

这时我们所有人原本都该在睡觉，期待明天登上埃菲尔铁塔的那一刻。

我却在今晚攀上了你的双唇并在此停留。

你则像非法移民似的藏身于我的初吻之下。

然后你走出黑暗，回到了走廊的光亮中。

要是我的父母知道……

要是你的父母知道……

要是雅各布知道……

要是罗泰利知道……

然而没人知道。

除了我俩。

现在我们知道了彼此的嘴唇是什么味道。

而此刻，环绕着我们的，是巴黎。

故事9　正确的时机 ①

"你可以吻我吗？"

"打死也不。"

"你知道我爱你。"

"嗯。正因为我知道，所以才更要保护好自己，以防你太心急。"

"那你什么时候才会吻我？"

"等时候到了就会。"

"现在已经是时候了。"

---

① 根据原文语法，此故事的讲述者为男性。

"不，还没到时候。"

"那就明天。"

"我不知道。那一刻说来就来，无法预测，你最多只能在那一刻已经过去而你却没有把握住机会时，意识到你错过了它。"

"那万一是昨天，而我们却没意识到呢？"

"要是我们没意识到，那就不可能是昨天。"

"噗。"

"该'噗'的是我才对。"

我不再说话。

沉默中，一言不发的你突然感觉时候到了。

于是你吻了我。

我站在那里。它就这么发生了。

为什么先前不行，现在却可以？

为什么你能决定它何时发生，我却不能？

为什么你感觉对了就行，我感觉对了却不作数？

我该四处跟人讲这件事吗？

我该把它发布到社交媒体上吗？

话语，疑问，沉默，以及一个个瞬间——我的初吻里装了好多东西。

太多了。

故事 10 伊拉里娅

劳拉和焦尔吉娅带着滑雪板上了缆车，留下我和詹卢卡一起。她们知道我很迷恋他，她们是故意这么做的。跳进座舱的时候，我的手肘撞到了他的脸，但他只是微微一笑，我恨不得一头扎进覆盖一切的白雪之中。

外面很冷。我们拉下舱门，但我依然觉得冷。我的牙齿开始打战，我快被冻僵了。他看着我，眼睛好似一汪深潭，你可以纵身跃入、一沉到底，祈盼永远不再浮上水面。缆车正在上升，山风吹得车厢微微晃动。我不知道自己牙齿打战是因为寒冷，还是因为胆怯，抑或是因为激动。

他知道我是他前女友伊拉里娅的妹妹，于是问道："你姐姐好吗？今年冬天还没见她来滑过雪。"

我用两个音节回答了他："挺好。"但我本可用以下任何话语来作答，"不好""天晓得""不知道""也许吧"。此时此刻，我最不可能惦记的就是我的姐姐，我的舌头与一切相连，除了大脑。

詹卢卡突然拉起我的手，开始揉搓。"简直像是两块冰……"他边说边向我的手哈气，他口中的气息很温暖，还带着薄荷的清香。我觉得，那股暖意融化了一切，也融化了我的心。

然后他靠近我的脸，拨开我的头发，开始吻我。嘴唇贴着嘴唇，除此别无其他。我失去了行动能力，像冰雕似的定在那里。

我不知道他是否期待我也做点什么——怎么说呢，好比动动嘴唇、伸伸舌头，或是抬手轻抚他的头发。我能做的，就只是怔怔地待在原地。

我们抵达了坡顶。舱门和保险装置弹开后，他一跃而下，我却仍旧无法动弹。一位打下手的男士开始冲我喊叫，但我还是不晓得离开。于是有人跑去拉了手闸，一切都停了下来。缆车静止不动了。人们都在看我。我不知道自己是该上到什么地方去，还是应该从某处下来。在童话故事里，王子用吻融化了幸运女孩的冰封的心，而他的吻，却把我变成一座冰雕。这时，有人一把抓住我，将我拽出了缆车车舱。

我恢复了视觉、听觉和理智。当劳拉和焦尔吉娅一脸担忧地向我走来时，已经走远的詹卢卡冲我喊道："见到伊拉里娅，代我向她问好！"

故事 11　旅程

她的双唇压在我的唇上。这是我感受过的最轻柔、最绵软的东西。比我的毛毯还要绵软。比妈妈在圣诞节送我的那条羊绒围巾还要轻柔。

然后是她的舌尖与我的舌尖相碰时的湿润触感。我觉得自己在飞。倏忽间，曾经见过的最美丽的景色悉数在我眼前掠过：非洲沙漠，约塞米蒂国家公园，加勒比海，奥尔塔湖，多洛米蒂山。

生活中我经常旅行。但唯有这段你正让我经历的、与我嘴唇相贴的旅程，我连想都没想到过。

从来没有哪家旅行社向我推荐过它。

此刻我们嘴唇相贴，我被你紧紧地抱着。我意识到过去的我并非真正的旅行者，而只是一个旅客。我不过是一次次地任自己踏上旅途，但并没有真正出发去寻找属于自己的旅程。而此刻，跟你一起，我找到了它。

故事 12　七旬

他抱住我，使劲抱住我。此时此刻，我不知道被他的双臂紧紧环绕着的自己是否感到自在。而当他的脸几乎带着威胁的气息靠向我的脸时，情况更是变得愈加复杂了。

但我知道，他并非危险分子。他就是那个人。倘若我必须跨出这一步，那必定是与他一道。情况并不危险，因为他让我感受到了一种此前从未有过的情绪，并使我确信，只要我们在一起，一切都将成为可能。于是，我任他的双唇掠过我的嘴唇。我希望他不要停下，希望他一探到底。我们两人的舌头就这样合二为一。我能感觉到那些从我们身旁走过并忍不住评说两句的路人的目光。

他们不懂。他们只看到一个七十二岁的男人在亲吻一个七十岁的女人。他们眼中流露出一切：讶异，轻蔑，羡慕，惊叹。他们对眼前这一幕感到惊奇。可要是他们知道这是我的初吻，恐怕更是会惊到目瞪口呆吧。

故事 13　一个男生都没有

跟卢卡不行，因为他戴眼镜。

跟保罗不行，因为他脸上有疖子。

跟蒂齐亚诺不行，因为他的脚很大。

跟乔瓦尼不行，因为他太容易出汗了。

跟罗伯托不行，因为他姐姐太讨厌了。

跟卡米洛不行，因为他很固执。

跟格拉齐亚诺不行，因为他很害羞。

跟米凯莱不行，因为他吻过所有女生。

跟卢恰诺不行，因为所有女生都想吻他，而他却不想吻任何人。

我没法献出自己的初吻，因为没有一个男生值得我这么做。

故事 14　一个女生都没有

跟露西娅不行，因为她戴眼镜。

跟保拉不行，因为她脸上有疖子。

跟蒂齐亚娜不行，因为她的脚很大。

跟焦万娜不行，因为她太容易出汗了。

跟罗伯塔不行，因为她哥哥太讨厌了。

跟卡米拉不行，因为她很固执。

跟格拉齐娅不行，因为她很害羞。

跟米凯拉不行，因为她吻过所有男生。

跟卢恰娜不行，因为所有男生都想吻她，而她却不想吻任何人。

我没法献出自己的初吻，因为没有一个女生值得我这么做。

故事 15　流星 ①

你有那么一点儿笨拙，就像我一样。你忽近忽远。我抬眼看着天上的繁星，希望有一颗能坠落到我们身旁，为我们带来光与热。外面又黑又冷，我们又是那么害怕，连调动一下气氛都办不到。我们就像两块磁铁，相同的两极一旦靠得太近，就会立刻分开。

然而，我们体内的一切都注定了我们会结合在一起。你再次进攻。可当你的舌头触到我的嘴唇时，我却不知道是该把嘴张开还是闭紧。于是我直愣愣地站在那里，没有屈从，也没有移动。

然后我又看起了星星。为何你们如此轻易就能闪闪发光，总

① 根据原文语法，此故事的讲述者为女性。

能在正确的时间出现在正确的地点，而地球上的我们却从来找不到合适的时间与地点来做那些重要的事情？

就在那一瞬，一颗星星脱离了群星，开始向下坠落。你看到了它，指给我看。我看着它，笑了。你走进我的笑容里——先是用你的嘴唇，而后用你的舌头。刹那间，所有星星都从天上落了下来。此时此刻，这里既温暖，又明亮。

故事16 我那落空的初吻

所有人都认为，因为你是男孩，所以你知道如何去做。其实不是这样。在这件事上，女孩的准备要充分得多：她们会打听，会阅读，会在网络上检索。总之，当那一刻到来时，她们会让自己做好准备。

我在课间偷听过她们的谈话，试图借此了解一些情况，却没怎么听明白。

所以现在，我希望一切都交由她去考虑。

我给她写了张小纸条："下午三点半，车站台阶上见。"

我提前二十分钟抵达——我怕万一她先到，没见着我，就回家去了……我在这里等着。

我等着。

等着。

三点半。

三点三十五。

三点四十。

三点五十。

四点。

她已经晚了半个小时。

或许她不会来了。

最好还是回家去吧。

四点半。

我独自一人回了家。

谨以此纪念我那落空的初吻。

故事 17　陀螺 [①]

接吻时，我不会把舌头探得很深。我的意思是，我只喜欢把舌尖伸到对方嘴里。我喜欢舌尖与舌尖的触碰。除此便只是嘴唇，柔软的嘴唇，几乎要将彼此吞噬——靠在一起，相互摩擦，仿佛在说："其余我们什么都不想知道。让我们接吻就好。"

这就是我心目中的理想之吻，就是我对亲吻的想象，但我自己的初吻与此没有半点相似之处：当时我十四岁，我记得我把舌头整个儿地伸进了那个可怜男孩的嘴里，还不停地打转。

[①] 灵感来源于奇罗·泽卡（Ciro Zecca）执导的纪录片《初吻》（*Il primo bacio*）中的一段自述。——作者原注

到了某一刻，他躲开了，问我："你嘴里那个是啥？陀螺吗？"

我忍不住放声大笑，停都停不下来。

他等了一会儿，对我说："现在冷静一下，闭上眼睛，让我来。"

我闭上眼睛，把主动权交给了他。那一吻完全是我梦想中的样子。嘴唇几乎要将彼此吞噬——靠在一起，相互摩擦，仿佛在说："其余我们什么都不想知道。让我们接吻就好。"

故事 18　拍点 ①

今天是我十六岁的生日。托托骑着自行车来我家楼下接我。我一步三个台阶地跑下楼。妈妈允许我出去六十分钟——当她说"六十"的时候，只能缩到五十九，绝不能延到六十一。没有时间可以浪费了。

托托把我带到了冰激凌店。一如既往，还是草莓味配搅奶油。这时已经过去了二十分钟。

然后我又跳上自行车的横梁，我们去了朱莉娅别墅。阳光洒在我们身上。天气真好，已经是春天了。他让我坐在长凳上，对我说："十六岁了，对吧？必须好好庆祝一下。今天不是昨天，

① 灵感来源于奇罗·泽卡执导的纪录片《初吻》中的一段自述。——作者原注

明天也不再会是今天。"然后他抱住了我，我意识到他想吻我。

我该怎么做？

对于初吻，我已憧憬许久，但从没想过它会是来自托托的生日礼物。我正这么想着，他已经靠了上来，嘴唇与我挨得很近很近。我该怎么做？是张嘴吗？当一个个问题以光速在脑海中飞旋时，我感到我完全可以信任托托，感到倘若此刻不让他亲，以后我便再也不会得到这个吻了。而且，假如二十九分钟后我还没到家，妈妈就将永远剥夺我下午出门的权利……

于是我决定，就是他了。我变得如蛋筒上的掼奶油一般绵软。此时此刻，一切都比十分钟前吃进肚子里的草莓味冰激凌还要甜。十分钟后，我将再次坐在托托自行车的横梁上，朝着家的方向冲刺。妈妈会像往常那样，躲在临街窗户的帘子后面等着我们。我将在第六十分钟整跨进家门，时间掌握得恰到好处。而今天的这个生日，想必会成为我所有生日中最难忘的一个。

故事 19　接吻高手

她是个"接吻高手"。大家都跟她接过吻，为的是可以四处炫耀自己已经经历过初吻。我不是这样的。然而今天，我决定随大流。要是身边有个有求必应的"接吻高手"，那我还等什么？我会吻她，然后我就不再是个可笑的失败者了。

直到昨天，我都不是这么想的。我本想把初吻留给伊莎贝拉，可她太爱端架子了。她总是装出一副对我青睐有加的样子："雅各布什么都会！""雅各布是最棒的！"……但倘若我靠近她，想与她更加亲近，她就会开始摆谱，仿佛这一带只有她一个女孩似的。

"我能送你回家吗？"

"不，雅基①，非常感谢，但我已经答应跟斯泰拉一起走了。"

"今晚上完游泳课我去找你好吗？"

"不，我想我会跟马丁娜一起去逛街。"

"你愿意星期天和我一起吃早餐吗？"

"好主意。但朱莉娅周六晚上要来我家过夜，我不想把她晾在一边。"

一句话，她总有借口。

昨天，我上完游泳课出来，无意中看见她和朱塞佩在一起——就是那个令所有女生垂涎的三年级男生。两人手牵手，还接吻了。大概，只要有朱塞佩在近旁，什么对斯泰拉的许诺啦，跟马丁娜一起逛的街啦，周六晚上对朱莉娅的邀约啦，就统统不存在了。

真相只有一个：伊莎贝拉根本不在乎我。

这就是为什么此刻我正与"接吻高手"嘴唇贴着嘴唇。但这么做的时候，我却没有任何感觉。我身在此处，可对我来说，在

---

① 雅各布的昵称。

哪儿其实都一样，不会有任何区别。我正把自己的初吻献给"接吻高手"，因为这一刻朱塞佩正在亲吻伊莎贝拉。

伊莎贝拉，那个混蛋。

故事 20　在长凳上 ①

我坐在长凳上。十四岁的我正在经历自己的初吻。我想牢牢地记住他嘴里的味道，却被更强的情绪所淹没。一方面，我很高兴能和他一起，在这里体验这些全新的感觉；另一方面，我又害怕进入这个世界，这个不一样的世界。我问自己："我准备好了吗？我做得到吗？"然后，脑中又有个声音回问道："究竟要准备什么？做成什么事情？"

总之，我坐在那里，有一千种思绪、一千种情绪和一千种迟疑不决。

天晓得为何在一个如此美妙的时刻，在如此多的幸福感之外，我还会感到如此害怕。幸福而又害怕。害怕而又幸福。我居于二者之间，宛如一个走在钢索上的平衡术表演者。我在他口中，但同时也仿佛悬在一根钢索上似的从高处俯瞰着一切。时间一秒一秒地流逝，我一点一点地走向钢索的另一端，走向这段旅程的终点。

---

① 灵感来源于奇罗·泽卡执导的纪录片《初吻》中的一段自述。——作者原注

经典童话《睡美人》

它就这么发生了。我刚刚经历了自己的初吻。我感到有些害怕。心里，脑中，唇上，都残留着这种感觉。而要赶走它、驱散它，只有一种方法：再次吻他。

故事 21　丑八怪

"你想吻我吗？"我问她。

她有点丑。确切地讲，是个丑八怪。但至少我确信她不可能拒绝。除了我，还有谁会向她提出同样的问题？

没错，我本可以问杰茜卡的。或者可以问莱蒂齐娅。她俩都很美。所有男生都梦想着能吻她们。但这样我将冒着被拒绝的风险。而且说不定她们会到处宣传，告诉其他所有女生："你知道吗，卡洛想吻我。他怎么不好好照照镜子？"

不，我丢不起这个人。

于是我便问了克莱利亚——这个名字，已经预示了将要发生的一切。[1] 她站在那里，先是一言不发，不出一秒便问何时何地。

"下午五点，在桥上。"

于是我们就来到了桥下。现在是下午四点五十八分。我从右边上桥，她从左边。

---

[1] "克莱利亚"这个名字会让人联想到在爱情方面大胆果决、总是试图占据主动的女性形象。

不出几秒，我俩已经相对而立。

她什么也没说。我也一样。

我不知道该从何开始。但她知道。

她用双手抱住我的头，停顿片刻，然后把嘴唇贴到了我的唇上。我微微张开嘴，她把舌头伸了进来，我闭上了眼睛。这么做对吗？还是错了？她很丑，可平心而论，我也相当笨拙。不过，她这么丑，肯定不会到处乱讲。

我假装是在体育馆，正和她一起练习，练习某种技能。这样，当需要正儿八经地做这件事时，起码我已经彩排过了。

我正闭眼想着，她松开了我，问道："都好吧？"

"嗯，都好。"

于是她说了声"再见"，就朝来时的左边走去。

而我，则转身走向了右边。

故事 22　鬼屋

我们七个又一起出去溜达。他们管我们叫"万福玛丽亚七人组"。我们几个总是待在一起，嘻嘻哈哈地干着各种好事坏事。这一切是从初中二年级结束时开始的。那是一个炎热而漫长的夏天，我们就这样，无意中聚到了一起——各有各的故事，各有各的无所事事。但七个无所事事的人一旦聚到一起，就再也没有哪怕是一分钟的空闲了。我们跑东跑西、干这干那，从那时起已经过去三个令人难忘的夏季。而今天，我们知道将有大事发生。第一个开口的是卢卡："今天我们要进鬼屋。"

鬼屋——我从五岁起就听人提起过它。没有人敢靠近它。他们会谈论在那间废弃的房子里发生的种种怪事，什么骷髅头啦，被砍掉脑袋的动物啦……所以，当卢卡今天提议去那里时，我都不知道他是认真的还是在开玩笑。

然而谁都没勇气反对他。于是，我们便从生锈的铁丝网里钻了进去。

然后我们经由后门步入了黑暗之中。谁也看不见谁。这时，卢卡说："女生都找个地方躲起来，然后我们所有男生去找她们，找到一个就行，然后亲一下。我们总共是四男三女，最后会剩下一个男生。作为惩罚，他得独自在黑暗中待一个小时，直到我们回来接他。"

"我数到三十，然后我们就去找你们！一，二，三，四，五……"

随着数字从他口中滚滚而出，我的心跳得越发厉害了。我不知道这是因为害怕、兴奋、困惑，还是因为焦虑。我只感到自己的心在狂跳。

我不知道该往哪里躲。这里伸手不见五指。我甚至都不知道该朝什么方向移动。于是我只挪了几步，把身子紧紧地贴在墙面上。

"……二十六，二十七，二十八，二十九，三十。"

四个男生在黑暗中行动起来。我仍贴墙站着，竭力屏住呼吸。他们当中的三个从我面前走了过去——我是通过几乎难以察觉的气流感觉到的。

随后，一个男生靠了过来，发现了贴墙而立的我。他用一根手指碰了碰我的胳膊，然后把整只手搭到我的肩上，直至找到我的脸。

我呆立在那里。他把我的头按在墙上，吻了我。当他把嘴唇贴到我唇上的时候，我感觉很不舒服。他压得有点太用力了，身后的墙面又那么硬。但他没有意识到这一点。我站在那里，嘴里什么感觉也没有，只觉得脑袋很痛。

这就是我的初吻：一阵可怕的头痛。

故事23　网络之吻 ①

咱们接吻吧？

　　　　　　　　　　　　　用嘴还是不用嘴？

不用嘴还算什么接吻？

　　　　　　　　　　　　　你会把舌头伸进来吗？

当然，不用舌头还算什么接吻？

---

① 这段聊天记录的提供者为女性。

要是我觉得恶心呢？

恶心？接个吻而已，你也太夸张了吧！

话是这么说，但这将是我的初吻……

那就吻吧，我不会让你后悔的。

我不知道，我得想想。

少思虑，多亲吻，

生活的美好会倍增。

你还成诗人了呢……

喂，你到底吻不吻我？

不吻。

拜托，说"行"！

行，但你只能通过聊天软件吻我。

这怎么吻？

把你的嘴贴在手机屏幕上，

亲吻它，然后按发送键。

这算哪门子吻？

这是我的第一个舌吻。

可我嘴里的舌头是我自己的，

不是你的……

但等你做完，我也会做同样的事：

亲吻我的手机屏幕，然后按发送键。

好吧，那我先来。

嗯，快点！

吻屏幕……发送。

收到了。

感觉怎么样？

一般般。

现在轮到你了。

行，准备好，它来也。

吻屏幕……发送。

收到。

感觉怎么样？

不怎么样。下回我们还是真吻吧。

你觉得那样会更好吗？

肯定比现在这样强。

好吧。那先拜拜咯。

拜。

故事 24　传统

今天是我十五岁的生日。五月四日——在这一天长大一岁，多怪呀。三天前刚过完劳动节，而今天，全镇又都在庆祝八岁孩童的第一次圣礼。不知为何，我看着担任副祭者的邻居家的孩子乔治，觉得连他也长大了。过去我总把他视作小男孩。如今，他十一岁，我十五岁，我们之间的距离看起来似乎不那么远了。

时光飞逝，我在长大——不为别的，就为了那些高中老师，那些每过一年都会用更多课业将我压垮的老师。除此之外，我仍是之前的那个小女孩，就像现在的乔治一样。我没有可以交心的女生朋友。即便有，我也没有任何秘密可以倾吐。我从来没有爱过谁，也不曾吻过什么人。

我去吃午饭。桌上放着奶油蛋糕，大家都为我鼓掌，我却一言不发。

三点整，门铃响了。

"特雷莎在家吗？我是乔治。"

他来这里做什么？他找我有什么事？

"我马上下来。但你想干吗？"

"我要给你一样东西。"

一样东西？他会有什么东西要给我？他都不曾跟我打过招呼……我走下楼去，心都快提到嗓子眼了。我把羊毛开衫向下扯，几乎盖住了一半的裙摆。但愿他别发现我紧张成这样。

我走出大门。他站在那里，手里捧着一大束玫瑰。他向我走来，把玫瑰递给我，亲了我一下——一个亲在脸颊上的、小小的吻。"祝福你。"他对我说，然后就满脸通红地跑开了。我愣在那里。一个小小的吻，当然无法称其为初吻，但我的心都快爆裂了，仿佛这就是世间最令人陶醉的一吻。

从亲吻脸颊过渡到第一个真正意义上的初吻，又花了十朵玫瑰和两个月的时间。乔治是个慢热的人。不过，要是他操之过急，我反倒会觉得他不是那个对的人。慢慢来——这正是我喜欢的方式。

最后我们终于做到了。一天晚上，当我父母去剧院看比才的《卡门》时，我在公寓的楼梯上迎来了自己的初吻。我记得关于它的一切，就仿佛它是以慢镜头里的节奏发生的一般。他的眼睛，他的嘴唇，还有他洁白的牙齿。然后一切都没入黑暗之中——不，我没有晕倒，是楼道里的灯突然熄灭了。但我心中涌起的强烈情感却再也没有熄灭过。这样的感觉，我希望所有人或早或晚都能体验到。

故事 25   真心话大冒险

真心话，大冒险，接吻，字谜，体罚——五根手指分别代表五个选项。你得闭着眼睛选一根手指，然后接受相应的惩罚。

通常我总会不幸选中"体罚"，但今天有机会亲吻劳拉，所以我假装闭上眼睛，透过眼皮之间的一道缝，果断地将手伸向了中间的手指。

"'接吻'。你得从在场的女生中选一个来亲。"

"劳拉。"

她的脸涨得通红。

我已经迫不及待。

"不，我不干，我不想被他亲。"

"这是游戏规则，你必须遵守。"

"那我死了算了。"

"行，这样等我一会儿吻过你，你就会像童话故事里的女孩那样死而复生了。"

于是，她站在那里，闭上了眼睛。我走到她跟前，把嘴唇贴到了她的唇上。

她先是不动，然后把双唇压了上来。在我们周围，大家都静静地看着。她压得更紧了，然后移开了嘴唇。

"我说，这有啥好看的？"她问屏息观赏这一幕的所有人。"以前从没看过人接吻吗？"

我坐了下来，再没动弹——本该由我主动吻别人，到头来却是我被别人主动吻了。随后，游戏继续进行。

回家前，劳拉走过来，对我说："你的味道不错。要是你想，我们还可以接吻，但是不用拿游戏当借口。"

这就是我与劳拉的初吻。它是我俩的一系列吻中的第一个。那么多年过去了，这个漫长的吻之系列仍未终结。

故事 26　不可思议的进球

今天是联赛的最后一日。如果我们的球队赢下这场比赛，而目前排名积分榜首位的球队输掉他们那场比赛，冠军就是我们的了。

七天以来，我一直处于亢奋状态。对我而言，足球虽说并非一切，但也差不离了。

罗伯塔知道，每逢星期天，联赛都享有优先权。

下午五点半之前，她通常不会来打扰我。一到点，她便会来按响门铃，然后我们就一起去海边散步。

但今天，她告诉我，她会来我家看比赛。

她还补充了一句：“重要的东西需要分享。”我立刻觉得这话是个好兆头，她的这个决定会给我带来好运的。

比赛开始了。我与屏幕完全融为一体，她却显得百无聊赖，还做了一件我最不可能做的事情：打哈欠。之后，场上的球员开始跑动，把我的注意力全部吸引了过去。

一刻钟后，灾难降临了：我们的球队被判了一个点球，对方进球了；在另一片球场上，目前排名榜首的球队获得了一个点球，而且踢进了。由于裁判的两个判罚，我们夺冠的希望瞬间化为泡影。

她却说：“永远不要放弃希望。还记得当初我离开你，因为我觉得你不是那个对的人吗？一周后我就改主意了。或许今天形势也会逆转。"

简直就是痴人说梦！在意大利联赛中夺冠与我俩的复合根本就不是一回事：后者只消两人中的一个回心转意，然后一切就成了；可现在涉及的是两支球队，它们必须双双在联赛最重要的那场比赛中扭转当前败局，而留给它们的时间只剩下一小时出头。

这会儿她却变得活跃多了。她开始为我们的球队呐喊助威，对裁判做出的不利于我们的判罚表示抗议，还去厨房打开收音机，调到正在直播另外那场球赛的频道，不停地往返于厨房和我之间，向我通报另一片球场上的最新赛况。

上半场结束：比分没有任何变化。

我即将迎来生命中最漫长的四十五分钟。

中场休息时，她匆匆吻了我一下，可我几乎没觉察到。

然后比赛又开始了。一切都反转了——还真被她说中了！我们进了一球，追平了比分。与此同时，在另一片球场上，暂时落后的球队也进了一球，扳平了比分。随后，那片球场上又有了新进展：在下半场刚好进行到第三十分钟的时候，暂时排名榜首的球队又一次惨遭破门。现在，我们必须再次进球，否则就将以一分之差与冠军失之交臂。

下半场进行到第三十五分钟的时候，她说："我亲你一下，这会带来好运的。"我真的开始相信她会给我带来好运，将注意力一半放在这个吻上，一半放在电视屏幕上。当她的双唇贴在我的唇上时，球从后场开始移动，粘在中锋的鞋尖上一路向前推进。她越是吻我，球就越是飞快地射向对方的球门。当她的舌头在我的舌面游走，探索着它的味蕾时，我们打入了制胜的一球。我冒着将她的舌头咬成两半的风险大喊一声："进了！"与此同时，我的嘴唇依旧贴在她的唇上。

她则笑着把我抱得更紧。我想一跃而起，想跑开，想尖叫，但我却闭上了眼睛，把舌头探进了爱的球门。这一吻很长，温柔而又激烈。

没错，这并非我的初吻。但它却是我作为意大利联赛冠军球迷的第一个吻。它的味道，我永远不会忘记。

我们就这样贴在一起，直到比赛结束。我不想离开她的嘴唇，生怕若是这么做，一切又会再次反转。与此同时，她还是那么甜美而快乐，一直在笑，一直在吻我。

故事 27　但不会跟你在一起

此刻我正在吻保罗，然而我对他的感觉是——"我愿意跟你接吻，但不会跟你在一起"。

有亲密行为但又不是一对儿，这种现象在我们这群朋友中还挺常见。

星期天我们会去小树林。在一起的那些人会在那儿接吻，因为他们是一对儿；不在一起的那些人也会在那儿接吻，因为他们有时就是会这么做。

"我愿意跟你接吻，但不会跟你在一起。"我们常常这么告诉彼此，同时谈论着谁和谁是在一起的，而谁和谁只是有亲密行为，但不是一对儿。

有时会发生这样的事情：在有亲密行为但又不是一对儿的两个人中，那个女孩想和对方在一起。然而，在这种情况下，那个"他"通常会回答说："我们的约定是很明确的。我从一开始就告诉你了，要是你想，我愿意跟你接吻，但不会跟你在一起。"

于是女孩就只好假装满足于现状，心中的梦想却还是和那个"他"在一起。

在我自己的"我愿意跟你接吻，但不会跟你在一起"的经历中，最糟的是和彼得罗的那次。

当时他和克里斯蒂娜在一起，但克里斯蒂娜八月份跟父母一块儿度假去了，一整个月都不在。于是有一天，彼得罗对我说："克里斯蒂娜去海边的这段时间，要是你想，我愿意跟你接吻，但不会跟你在一起。"

我一直很喜欢彼得罗，而且非常讨厌克里斯蒂娜，所以我立刻告诉他我可以接受这件事。

于是他吻了我。不料，这一吻却让我有了一种天旋地转的感觉。它跟此前所有那些我愿意与之接吻却不会与之在一起的男生的吻都不一样。它让我产生了一种错觉，觉得我和彼得罗仿佛是在一起的。

他的嘴唇很柔软，舌面好似天鹅绒，还十分清凉。一阵战栗沿着我的脊背向下传递。我真想让这个吻持续到地老天荒。但过了一会儿，他就移开了嘴唇，对我说："明天同一时间，要是你想，我愿意跟你接吻，但不会跟你在一起。"

这种情况持续发生，贯穿了整个八月。

但我们一定是被什么人发现了，因为克里斯蒂娜从海边回来后，当着所有人的面找我大闹了一场，然后给了彼得罗一记耳光。总之，有人向她通风报信了。随后她冲我吼道："你这个坏女孩！你该明白，当知道一个男生已经和别人在一起时，你就不该跟他胡来。本以为你是我的朋友，但其实你只是一个想跟别人的男朋友乱来的坏女孩！"

吼罢，她一把拽住彼得罗夹克的翻领，对他说："现在，你跟我来。"他像温顺的小羊羔一般跟着她走了。显然，他想跟她在一起。

而我，从今往后却再也不想吻彼得罗，再也不想跟他在一起了。

故事 28　最后一秒

"看着我的眼睛。"

"我会淹死在里面的。"

"让我抱抱你。"

"我怕我会窒息。"

"让我摸摸你。"

"我们会被人发现的。"

"让自己放松点儿。"

"那样我会彻底失控,可能会吓到你。"

"让我来吧。"

"我不想成为你手中的一件物品。"

"让我知道你是否爱我。"

"咱们就不能换个话题吗?"

几个回合之后,我意识到我的每次进攻都被挡了回来。我问自己,我和这样一个人在一起究竟图什么——他害怕爱情,将我的每个举动和每项提议都变作一道致命伤。

于是我像在赌场里那样——赌上了一切。

"要是五分钟内你不吻我,你就再也别想见到我了。"

他开始看表。一分钟就这么过去了,他却只是一动不动地看着表盘。我注视着他,什么也没说。他不看我,一直沉默着,眼睛紧盯着表盘。第二个一分钟也这么过去了。

或许他在想,倘若他学会在和我相处时放轻松,会有多少坏事发生在他身上。或许他脑海中正浮现出笼子、陷阱和监牢的形象。他是一个相信爱会使人沦为奴隶的人。而我想让他明白,人可以通过爱，获得做自己的自由。

这么想着，第三个一分钟也已经结束。

我想送他一对翅膀，让他感受到和我一起飞翔是多么美妙。我想在他把注意力尽放在不好的事情上时，带他领略所有的美好。当我在脑海中剪出一对翅膀，把它们安在他肩膀上的时候，第四个一分钟也已经结束。

还剩六十秒。他仍站在那里，眼睛紧盯着表盘。

他一直没动——在这彻底的沉默中，连一个音节都不曾发出。

我对他说："我宣布，六十秒后我将永远退出你的生活。"

这么说的时候，我确信事态会如此发展。我将说到做到，倘若他不给我那扭转局面的一吻的话。

还剩三十秒。只见他陷入了麻痹，全部脑力都集中于最终的抉择——做出可能会使他飞起来的举动，或是让我俩沦为陌生人，让两个未曾真正接触过的生命从此擦肩而过。

还有二十秒就将结束。抑或，就将迎来一个新的开端。

在我的脑海中，我看到自己正全神贯注地把刚剪完的那对蓝色翅膀粘在他的肩膀上。我多么希望看见他向高空飞升，他却只是待在原地，眼睛仍死死盯着表盘。

"10——9——8——7——6——5——4——3——2——"

他向来喜欢特效。正当我起身准备离开时，他一把抱住我的头，把双唇抵在了我的唇上。然后，他用舌头沿着我的上颚做了一次长途旅行，仿佛那两只翅膀最后是被粘在了他的舌头上。这是我一直以来梦寐以求的吻。爱之吻，自由之吻。

这是我一生中最漫长的五分钟。但它真的值得我等到最后一秒。

故事 29 黄油

现在是周日下午。我跟着表哥乔瓦尼走进电影院。他事事都很在行：女孩、电影，周六晚间的各种娱乐活动。他总是知道怎么做、做什么，最重要的是，没有什么是他还没做过的。

他约我在电影院门口碰面。我知道他会和帕蒂一起来。帕蒂是他的现任女友，总之是他时下的接吻对象。但我没料到的是，帕蒂还带了她最要好的女生朋友安东内拉，而乔瓦尼也带了他的女性好友彼德拉。在这几个女孩当中，彼得拉是我最受不了的那个。彼得拉，好一个人如其名①——少言寡语，时刻心怀戒备，从来不认为我配得上她的友情。总之，对彼得拉来说，我向来就只是个路人，仅此而已。

进了电影院，由乔瓦尼决定座次：他和帕蒂坐在前排，我和安东内拉还有彼得拉坐在后排——我坐在她俩中间。

---

① "彼得拉"这个名字起源于"石头"。

电影开始了。它是如此引人入胜，我沉浸在故事里，仿佛被吸进了银幕之中。在电影院里，我经常会在剧情、事件和人物形象中失去自我。我会变得好似片中人一般，会心潮起伏。我唯一要避免的就是哭鼻子，即便感到眼泪已经在眼眶内打转了。中场休息时，乔瓦尼转过身来问我："感觉怎么样？"然后冲我使了个眼色。

"什么怎么样？"我问。几乎在同一时间，彼得拉突然大笑着说："难道你没发现这家伙是用化开的黄油做的吗？"说完就和安东内拉一起狂笑起来。我坐在那里，像被搁在八月烈日下的黄油一般化作一摊。

我感到很不自在，很想离开。电影又开始了。这是我平生第一次对银幕上的一切视而不见。我脑子里尽想着黄油。我意识到，为了避免事态继续发展，我唯一能做的，就是做出一个在一小时前看来还完全不可想象的举动：吻彼得拉。

时间过得飞快，电影里的故事一路向前推进。我一直一动不动，只等着做出那个重大之举，却发现自己办不到。然后我突然记起我和乔瓦尼在游泳池里比赛憋气的那次经历：我闭上眼睛，堵住鼻子，沉入水中，在水下一直待到再也撑不下去——重新浮出水面的时候，我发现乔瓦尼也大吃一惊。这次要拿出同样的决心——想着黄油之余，我告诉自己。

我一把揽住彼得拉的头，将她的脸强行转向我这边，然后把嘴唇紧贴到她的唇上，死死压住不放。她发出一声呻吟，我不知道这一声的意思是"继续"还是"够了"。含混之间，我没有松开，而是一直贴着她的嘴唇——不，是紧咬。

过了不知有多久，我撤回自己的嘴唇，像吸盘从玻璃上分离时那样发出"吧嗒"一声。我就是那个吸盘，彼得拉则是玻璃。她愣在那里，什么也没说。

电影结束了。乔瓦尼转过身来："我说，黄油先生……你还在那里等着被太阳晒化吗？"

彼得拉站起身，对他说："闭嘴，我们走吧。"

从那天起，她就再也没有跟我说过话。

故事 30　交换生项目

我向来是个笨手笨脚的人。我在从未吻过任何人的情况下进了大学。我一心扑在学业上，全神贯注于一场又一场考试，没接过一次吻。然后我拿到了伊拉斯谟交换生项目[1]的奖学金，可以去科隆当六个月交换生。在那里，我还是和之前一样埋首学习，泡在实验室里，忙于一个又一个实验，为毕业论文做着准备。

在德国的这段时间，日子过得飞快，快到我几乎觉察不到。在最必要的时候，我也会参加国际学生社团的活动，但仅仅是为了避免显得自己像个旁观者。在那里，我认识了伊尔梅丽，一个芬兰女生，非常害羞、非常用功，这点跟我很像。我们的德语都

① 欧盟内部的一个交换生项目，成立于 1987 年。

不是很好，所以交流起来从来都不是那么容易。但在聚会上相遇时，我们会坐得很近，一整晚都待在一起，或许什么都不说。只是待在那里，别无其他。

离开德国前的最后一次聚会上，伊尔梅丽示意我与她共舞一曲。我这么一个笨手笨脚的人，只好听凭她带着我跳。我非常紧张，在短短一曲的时间里踩了她足有十次。我们只好坐了下来，我尴尬得要命，问她是否想喝点什么。话音刚落，她就站起身开始吻我。这一下来得如此突然，我连呼吸都快停止了——我不知道这是由于初吻激起的强烈情感，还是由于以这种方式经历初吻引发的惊喜，抑或是由于伊尔梅丽正用她的嘴吸走我体内的所有空气。

我待在那里，悬在她的嘴唇上，任她对我的嘴为所欲为。然后我的初吻就结束了，为第二个、第三个、第四个……以及其他许许多多个吻留下了空间。

那晚的活动结束后，我回到自己的房间。我得收拾行李，第二天一早我的航班就要起飞了。

出发前，我在房门下发现一张纸条，是伊尔梅丽写的。"幸好今晚你要我吻你。几个月来我一直想这么做。我会带着你嘴唇的味道回芬兰的。"

"真好。"我想，可我并没要她吻我呀——尽管我曾产生过这个念头，但永远不会有付诸行动的勇气。

接着，我记起了自己当时的提议，忍不住笑了。我曾问她是否想来一杯"意大利之吻"，那是聚会上的一种鸡尾酒。

意大利之吻，意式接吻。我想让她喝它，她则想让我体验它。

就这样，我成功给出了自己的初吻。从那时起，我便开启了这份爱的收藏，并在以后的岁月里用新的成就使藏品变得越来越丰富。

故事 31　完美

"你感觉怎么样？"

"完美。"

"你觉得我的衣服怎么样？"

"完美。"

"喜欢我刚才在台上跳的舞吗？"

"完美。"

"想尝尝我的酒吗？"

"完美。"

"想尝尝我嘴唇的味道吗？"

"完美。"

于是我扑向他的嘴唇。他是个完美的男生，就像他最爱挂在嘴边的那个词一样：脸蛋身材浑然一体，全身上下没有丝毫不妥之处，天晓得是在哪家健身房的器械上塑成的；即便是隆冬季节，皮肤也晒得黝黑。尽管如此，我却觉得这一吻几乎有种塑料感，像是人造的。它太完美了，以至于让我感觉有点不真实。

然后他开始向我抛出一堆问题："刚才那个吻怎么样？你有多喜欢？你感觉自己在吻什么？……"简直没完没了。"搞什么啊？"我心想，"我们又不是在参加高中毕业考试，只是接了个吻而已。"

但他还在连珠炮似的发问，然后不停地用舌头舔着自己的嘴唇。

完美之余，他开始让我感到受不了，我几乎觉得他有些令人作呕。

然后，他对我说："我想做个完美的男人，所以刚让城里最好的外科整容师帮我整了嘴唇。他往我的嘴唇里填了一种东西，让它们变得柔软而饱满。他向我保证，没有哪个女人能够抵挡玻尿酸之吻的魅力。"

那一晚，在迪斯科舞厅，我以为自己遇上了一个完美的男生。而事实上，他只不过是个完美的白痴。

故事 32　遥遥无期

"此时此刻，你最想从生活中得到什么？"

"一百万欧元。"

"傻瓜，我说的不是那些不可能的事情，而是你真的能得到的东西……"

"你的嘴唇。"

"那你有什么可以跟我交换吗?"

"我的初吻专有权。要是你给我你的嘴唇,你就将得到我的初吻。你可以到处跟人说你是第一个吻我的女生。"

"好吧,但既然这件事如此重大,在接下来的十天,你不可以给我发信息,也不可以来找我。如果你懂得如何耕耘对我的渴望,我的嘴唇就将成为你初吻的田地。"

第一天:沉默。

第二天:沉默。

第三天:沉默。

第四天:沉默。

第五天:沉默。

第六天:沉默。

第七天:沉默。

第八天:我坚持不住了。

"我太想吻你,再也等不及了。我必须吻你,要么现在,要么永不。"

于是,在屏幕另一边,一个网络摄像头被打开了,两片大大的嘴唇出现在屏幕上。

然后她说:"现在就吻它们吧,不然就再坚持两天。"我像个大傻瓜似的亲了一下屏幕。她笑啊,笑啊,笑啊,一直笑到她的影像消失，屏幕上只剩下这样一条信息："我本可成为一片田地，敞开心扉将你的双唇羁绊。可你想马上得到一切。那就好好享受屏幕之吻吧。"

我的初吻有股科技的味道——等离子的味道。

故事 33　快到九楼之时

六楼：进来两人，出去四人。

七楼：出去四人，进来一人。

八楼：出去五人，没人进来。

只剩下我和他了。

要么现在，要么永不。

在八楼和九楼之间，电梯停住了。

然后一切都黑了下来。

我说："我有点害怕。"

他应道："我也是。"

然后他靠了过来。

"要是被人发现怎么办？"

"你真以为那些人会在意吗？他们最多只会笑笑。"

就这样，他把双唇贴到了我的唇上，而我只是站在那里。一切都停了下来：时间，光线，电梯。

我感觉双膝渐渐弯曲，脊背沿着电梯的墙面慢慢下滑。他以同样的速度与我一道缓缓坠向电梯的地面，嘴唇一直没从我唇上移开。

与此同时，警报声响了起来，外面有几个声音在喊："里面有人吗？我们现在就救你们出来。"

但我们已经没有多余的呼吸，没有多余的唾液，也没有多余的言语来回应。

突然，电梯又动了起来，时间刚好够他站起身，而我则继续坐在地上。当光线划破包裹着我们的黑暗时，他装作什么都没发生似的走了出去。有人把我拉出了电梯，还给我喝了一口凉水。然后我开始下楼梯：八楼，七楼，六楼，五楼，四楼，三楼，二楼，一楼，底层。

我走出公寓的大门，他已经在外面等我。"准备好开始第二个吻了吗？"这回我们不再有任何恐惧，因为它将在阳光下进行。

故事 34　流言

"谁亲的次数最多，谁就能和寿星女孩跳舞。"

于是，有人发出了比赛开始的信号。

每逢这种场合，我都会躲到一旁。在我看来，这个游戏不仅愚蠢，而且很幼稚。就像在幼儿园里，你试图去做大人做的事情，但一切都是装出来的。倘若我想给出自己的初吻，我就要真真正正地把它献出去，而不是随便送给某个为了赢下一场愚蠢的比赛而出现在我面前的人。

我躲进放扫帚的小房间，发现古斯塔沃也在那里。

"小心，劳拉。你也躲到这里来了？我讨厌这个游戏，它只在乎你吻了多少次，根本不管你是怎么吻的或是吻了谁。"

"你真是个哲学家，古斯塔沃。我不玩，只是因为我觉得它像幼儿园里的游戏。"

"对了，你已经有过初吻了吗？"他问我。

"我为什么要告诉你？你是全校最八卦的人，不出一分钟就会跑去告诉所有人。说到这个，大家对你倒是一无所知。你已经有女朋友了吗？已经有过初吻了吗？"

他说："如果我告诉你，你也会告诉我吗？"

"行，但是你先说。"

"好。我没有女朋友，也还没经历过初吻，除了在幼儿园玩过家家时，有个小女孩亲过我一次。现在轮到你了。"

"我和你一样，除了跟同桌有过一次假吻。那个男生说舌头的味道像火腿，为了验证这是不是真的，我们互相尝了一下。"

"所以你也是零经验。"古斯塔沃这样评说道。

"没错……"

"所以我俩会在这场愚蠢的游戏里垫底。游戏马上就要结束了，十分钟已经到了。"他提醒道。

"那要是我俩都至少收集到一个吻呢？"我大胆提议。

"为什么不呢？"

"为什么不呢？"

于是我们开始接吻。然后一切结束。

先开口的是他："你同桌说得不对。舌头的味道不像火腿。"

"喂，在经历过初吻后，难道你就不能说点别的吗？"我傻里傻气地问。

"我还应该说点什么呢？你有什么要说的？"

"你的舌头没有火腿的味道，"我回答他，"但是往大的方面说，你的吻没有任何味道。"

"是啊，多么糟糕的发现。人人都做着关于初吻的白日梦，到头来却发现这东西根本就索然无味。"

"不，你可能没明白我的意思。"我解释道，"我们的初吻之所以没有任何味道，是因为你什么都不懂。"

听到这话，古斯塔沃起身离开了放扫帚的小房间，回到了宴会上。

第二天，全校都知道我和他接过吻了。

故事 35　大明星

大明星来到了我们的城市。广场已经被封锁，所有人都挤在临时搭建的围栏前，想向他致意，看他经过，顺便摸摸他的衬衫。

到处都是叫喊声。他假装环视四周，其实并没有真的在看。所有人都伸出手去，仿佛要从他身上扯下点什么，像圣物一般保存起来。

我对这类事情已经没有多大兴趣了，但还是装出很投入的样子，以免显得我像个傻子。我站在那里，身子被围栏紧紧地压着，肋骨几乎都要被挤断了。他向这边走来，脚上穿着一双仿制的牛仔靴，我猛然想起了穿靴子的猫的故事。他踩在鞋跟上摇摇晃晃，身子一会儿前倾，一会儿后仰，然后突然在我面前停了下来。

他捧起我的脸，捏住我的两颊，把他的嘴唇压在了我的唇上，然后又把舌头伸进我嘴里兜了一圈。与此同时，周围爆发出一阵骚动。所有人都在拍照。之后他松开我，继续朝舞台走去。

我是那天唯一被吻的女孩。他不知道我不曾吻过任何人。世上很少有人能说自己把初吻给了一个大明星。而我就是这些人中的一员。别人都觉得我们这些人是幸运儿。

那一吻刚结束，就有个女孩走过来问我要签名。第二天早上，我出现在了当地报纸的头版照片里。

在学校，大家都对我指指点点。人们说，初吻是令人难忘的。的确，我周围的所有人似乎都没有忘记我的初吻，而我却宁愿把它从记忆中抹去。

那个大明星嘴里有股难闻的味道，足以把一棵巨型红杉熏蔫。但我没法将这件事告诉任何人。他们不会相信。又或许会吧。

故事 36　完美的一吻

嘴唇贴着嘴唇。

舌尖掠过牙齿。

搁在背上的手。

一阵好闻的气味从皮肤上升腾。

四下里一片寂静。

清凉的微风带动着周遭的空气流动。

渴望令心脏狂跳。

心在嗓子眼里炸裂。

我的舌头尝到了你舌头的味道。

围绕你舌头的一切都既柔嫩又湿润，既绵软又温热。

紧闭的双眼看见了不可见之物。

还有那种仿佛是在飞翔的感觉

我再也不想着陆，就让我一直悬在空中吧。

永远不要停止吻我。让我在你无限的吻里化作永恒。既然是永恒，那它就是第一次，但也是最后一次。让我成为一个会飞的男孩吧。

故事 37　一种你会永远记住的感觉 ①

我的初吻发生在几年前——初三和高一之间的那个夏天。那是一段非常美好的回忆。当时是三月里的分外精彩的一天，城内刚好有一场庆典……我和我喜欢了很久的这个男孩在一起。那是一种长久以来我梦寐以求的感觉。我和他，在一起。初吻的感觉，你会永远记住。

此前或许会有很多恐惧，因为你对这件从未做过的事情有着太多的期待。但后来，它就这么自然而然地发生了。初吻非常美好，是一种你会永远记住的感觉。

故事 38　敲窗人

我永远不会忘记在自家附近的小树林里给贝亚的那一吻。

当时我们在车里。车是一个朋友的，借给我们使用。詹卢卡和埃莉萨舒舒服服地坐在后排，我和贝亚坐在前排——每次我想靠近她，都会受到变速器的妨碍。车窗上蒙了一层水汽，因为外面非常冷，我们口中呼出的热气都化作了冷凝水。

这是我们四人第一次一起外出，我们终于有了一个完全属于自己的可以相互亲吻和拥抱的场所。真希望那一晚永远不要结束。黑暗使一切变得更有魔力，我脑海中只有贝亚的双唇，她的

---

① 改编自奇罗·泽卡执导的纪录片《初吻》中的一段自述。——作者原注

香味，以及我们每次分开片刻时她给我的微笑。

一切都很完美，直到什么东西开始在我脑袋后方猛敲。我们僵在那里，从星辰摔向地面，一个个都一头雾水，直到詹卢卡打开车窗，发现我父亲的脸就在一厘米之外。

"我在家等你！"看到满脸绛紫、头发蓬乱的我时，他只说了这几个字。

贝亚一脸尴尬地看着我。谢天谢地，父亲说完就离开了，让我们有时间缓缓神。现在麻烦全落在了我一个人的头上，而我的朋友还在不停地取笑我。

"亲我一下。"我对贝亚说。我希望再次感受她的吻，这样接下来无论发生什么，我都有保持微笑的动力。

故事 39　狂喜 [①]

初吻是我生命中的一个非常重要的时刻。对所有处于青春期的人，也就是十五岁左右的人来说，我想都是如此。那时恰逢初中三年级的集体旅行，我们住在佛罗伦萨一家十分漂亮的旅馆里。一天晚上，我们所有女生都背着老师躲到了男生的房间里，因为害怕被抓到而心脏狂跳。

我记得，在男生的房间里，有个我非常喜欢的男生叫达维

---

① 改编自奇罗·泽卡执导的纪录片《初吻》中的一段自述。——作者原注

德。我的初吻就是在那里发生的。当时它似乎没什么特别的，但当我想到多年来，在整个初中时期，我一直非常喜欢这个男生，我真的陷入了狂喜之中。那种感觉真是太美妙了。

现在还缺一个关于初吻的故事
——你的那个

眼下，是时候把你自己的故事写出来了。

请描述一下你当时的感受和事情的经过。那个吻是你梦想中的样子，还是有所不同？假如能回到过去，你是会完全照原样去做，还是会有所改变？

_____

_____

_____

_____

_____

_____

_____

_____

经典电影《泰坦尼特号》

附录　谈论初吻的小贴士

〜〜〜〜〜〜〜〜〜〜〜〜〜〜〜〜〜〜〜〜〜〜〜〜〜〜〜〜〜

　　现在你已经有了更清晰的想法，那么，要如何将其转化为行动呢？在本书的附录部分，你将找到一些可以在与孩子谈论"性"时使用的素材，即一些可以与他们共赏或向他们推荐的歌曲和电影。借助这些素材，你可以更自然地引入那些你最关心的话题，而不必劈头盖脸、单刀直入。请与孩子互相介绍对自己来说有意义的歌曲，一起看电影、阅读，而后任双方的思绪自由流淌。

以"歌"代"言"

　　音乐无疑是与孩子谈论"性"（及其他话题）时可使用的最有效的媒介之一。就像初吻一样，听音乐也是一种能引发强烈情绪并使人获得巨大乐趣的体验。音乐能令我们全身心地沉浸其中，让我们的情绪随节奏摆动，并经由歌词把一些情境和画面印刻在我们的脑海中。

　　神经科学已经揭示出，人脑通过位于快感中心的神经元的剧烈活动，对听到的音乐片段做出反应，同样的神经元在我们每次致力于令自己满意的活动时都会变得活跃。但还不止于此：看起来，无论哪种类型的音乐都拥有激活大脑两个半球的不同区域的强大能力。音乐是一种非凡的头脑"兴奋剂"，能够刺激大脑中负责感官和运动的部分，但尤其重要的一点（也是此处我们特别感兴趣的一点）是，音乐似乎还能促进大脑中负责情感的部分与负责认知的部分之间的著名连接（这种连接在前青春期和青春期尚处于发展阶段）。换句话说，听音乐能帮助我们的孩子调和情感与思想，以回应其成长的需要。因此，并非出于偶然，孩子都喜欢在歌词上下功夫：他们常常会把歌词抄录在学习日志里，将其引用并发布在自己的社交主页上，还会把整首歌的歌词背下来，关在房间里反复哼唱——一边唱，一边可能还对着镜子起舞。

尽管神经科学已经通过实验室的研究证实了音乐的诸多好处（包括调节心跳和肌肉弹性），但当孩子热情地对你说出："爸 /妈，你听听这首歌，它是不是超赞？"或"这首歌好美啊！"时，各位家长仍可通过自己的直观体验对上述真理加以检验。

年轻人能花数小时的时间听音乐也要归功于一些音乐平台，因为是这些平台为他们提供了歌曲的无限访问权，使他们得以持续探索。青春期是对音乐的热情最为高涨的时期。成长中的孩子有一种"自我定义"的需求，而歌词、根据歌曲拍摄的音乐短片以及乐曲的节奏恰恰可以滋养这种需求，这就是为什么音乐会成为一种必需品。

　　基于这些原因，将音乐作为代际间的沟通渠道可能会是一个绝佳的点子，特别是面对像"性"这种会使谈话双方都感到尴尬的话题时。当然，分享听歌的乐趣并不总是那么容易：年轻人听的音乐通常与我们的趣味迥然相异，反之，成年人喜欢的音乐，年轻人也并不欣赏。说唱是在新生代中最受欢迎的音乐类型，密集的歌词倾泻而出，我们成年人根本跟不上。不过，向那些对我们显得不甚友好（有时甚至令我们不快）的音乐风格保持开放的态度是很重要的。正如任何一个吻都不可能与另一个吻完全相同，讲述和歌颂这些吻的音乐，其风格也五花八门。有意识地训练自己，使自己有能力聆听与自身趣味相去甚远的音乐类型并允许自己被其征服，这对每个人来说都是非常重要的。①

　　所幸，情况并非总是如前所述，也存在许多例外：不少歌曲可以与所有人对话，让不同的聆听者在激动人心的音乐中相遇。

送你一首歌

　　我们可以试着让年龄稍大一些（十岁及以上）的孩子参与这种音乐礼物的交换。假如孩子告诉你他们对你的"赠予"不感兴

---

① 因此，我们出版了《送给你的歌》（*Una canzone per te*，De Agostini，2017）一书，力求通过那些书写了意大利音乐史的歌曲，为父母与孩子展开对话提供大量出发点。——作者原注

趣，说这东西是与他们不相干的"史前遗物"，你也不要发怵。无论如何，都请送给孩子一些曾经征服过你心灵的谈论初吻（或是更广义地谈论爱情）的歌曲。思考一下，哪些歌曲滋养过你的幻想，满足过你憧憬爱情的需求。时至今日，它们在你看来或许已经显得庸俗，但还是请尽量重新找回它们一度在你心中激起的情感。

然后，听一听那些让你的孩子情绪激荡的歌曲，以开放的心态接收孩子送给你的音乐礼物。请努力听清歌词，即便很费劲也不要泄气。为了使这份体验更有效力，请让孩子给你讲讲为什么他们要送你那首歌，那首歌在他们心中激起了怎样的情感，以及他们是在哪种特定的情形下被那首歌征服的。仅仅是互送歌曲并共同聆听这一行为，就将使这个时刻变得特别，使双方的生命皆变得更为丰盈。

你还可以另辟蹊径，选择一首讲述对你来说初吻或初恋不该是什么样的歌曲。

尽量把歌词打印出来，或者听歌时让屏幕上显示出歌词，这样对方更容易跟上。越是悉心地为这种音乐交流做准备，你所获得的体验的质量就会越高。

一场"音乐对话"

接下来，我们将向你推出一场"音乐对话"。它是我们饶有兴致地想象出来的，一位父亲及其处于青春期的儿子围绕"初吻"（以及更广义的"初恋"）这个主题展开的对话。

父亲："当我第一次听到拉夫①的这首《吻的味道》时，我就被迷住了。歌里唱的，正是此前几天我和一个叫劳拉的女同学在一起时体验到的感觉。当时我们所有人正在那不勒斯旅行。晚上，我们在沙滩上点了一堆篝火。主意是体育老师出的，那是一个特别棒的家伙。他还带了吉他。我们一连唱了几小时的歌，将毕业考试和此后可能发生的一切统统抛到了脑后。对我来说，当时篝火边就只有劳拉一人。她坐在我身旁，跟随音乐的节奏拍着手。当我鼓起勇气拉住她的手时，我再也听不见音乐，耳中只有心脏强烈的跳动声！等我们回到旅馆，我来到她的房门外，问她能否从房间里出来一会儿。然后，我就在走廊里吻了她。拉夫的这首歌讲述的正是发生在我身上的事情：'……吻的味道／令人战栗……'当时我也像风中的树叶一般颤抖。

"和劳拉的爱情故事没有持续很久，但这首歌让我无数次地想起那个吻，想起那个绝对完美的瞬间。之所以把它当礼物送给你，是因为和劳拉分手后，每次重新听到这首歌，我都会想：'我希望遇上一个让我一辈子都想亲吻的女人。'"

随后，父子俩就一边看着电脑屏幕上的歌词，一边听起了这首歌。

---

① 意大利歌手拉法埃莱·列福利（Raffaele Riefoli, 1959— ）的艺名。

拉夫，《吻的味道》(*Il sapore di un bacio*)

（1988 年，创作者：卢乔·达拉、加埃塔诺·库雷里、萨韦里奥·格兰迪）

吻的味道

你不会遗忘

倘若你已等待一生

是的，它会直抵你心门

你迷失其间，停止思考

那种感觉，几乎如做爱般强烈……

吻的味道

令人战栗

你顺其自然，闭上双眼

随后忘掉了余下的一切

你不再离开，也从未离开

每当离开，时间总是太早……

吻的味道

点燃黑夜

事后挨揍

亦无关紧要

吻的味道

非同凡响

不可操之过急

否则甚至会受到伤害

你悬在月亮和大门之间

以防这个吻落在……毛衣上

吻的味道

促人思考

于是你感觉自己与从前有所不同

心想："可是，多怪呀。"

而明早一切还会愈加美好……

吻的味道

点燃黑夜

不知今夕何夕

为此挨揍也值

吻的味道

真的令人战栗

好似一束阳光

打在玻璃宫殿上

吻的味道

将你拔高一米

你正要动身

立马又退回原地

你悬在月亮和大门之间

以防这个吻落在……毛衣上

儿子："爸爸，有时你的想法真的很怪，比如让我送你一首歌什么的……你的音乐品味就更别提了！但我承认，这首歌的歌词还不赖。你讲的关于那次旅行和劳拉的故事，我也很喜欢。想到你年轻时坠入爱河的样子，我就想笑。我花了好大功夫才找到一首能当礼物送你的歌。我仔细听了最常听的那些歌曲的歌词，可总有什么令我无法信服。尽管那些都是我最喜欢的歌，但它们都没有说出我想表达的爱情观。最后我选了一首在我听来很有诗意的歌。它用别具一格的文字表达了一些浪漫的思想。它讲的不是初吻，也不是初恋，但我认为它讲述了人在面对爱情时的奇妙感觉，跟拉夫的那首歌有点像。当然，歌里充斥着这样那样的画面：埃菲尔铁塔啦，飞机航班啦，酒店房间啦……但费代兹[1]所说的东西很美。所以我要把这首歌送给你，尽管它可能不是你喜欢的风格。"

费代兹，《坦白》(*Favorisca i sentimenti*)

（2017 年，创作者：亚历山德罗·梅利、法比奥·克莱门特、费代里科·卢恰）

耶，耶。

你喝什么，我就喝什么——

---

[1] 意大利说唱歌手费代里科·卢恰（Federico Lucia，1989— ）的艺名。

四杯霞多丽白葡，

盈满"但是"，盈满"如果"，

我们很快还会再见面吗？

你来我这里，三点着陆，

我还不曾见过埃菲尔铁塔。

我在马尔彭萨机场①堵你，我们在戴高乐机场拥吻。

看似没什么，我们却走到了一起。

你，我的磁石；我，你的灾祸。

在我飘忽的幻想中，你是那一剂确定，

永远都将如此。

无需戒指来维系我俩的关系，

因为锁链亦是由金属环构成。

尽管时候尚早，我已迫不及待：

我的心已被你俘获，促我坦白。

下午我们离开房间，

我在汉莎的航班上无法入眠，

你一次又一次地流连，流连。

在今日之前我从未打过领带，

生活却已教会我如何扼住自己的咽喉。

我很抱歉，害你收养了一个偏执狂，

---

① 米兰机场。

这就是为什么我对每种解决方案都持有异议。

但你毫不在意，毫不。

我纵身跃入我们沉默的虚空。

他们叫你小心，要是你碰了我，就会弄脏自己。

我家有一只枕头，透过它，可以望见你的双眸。

看似没什么，我们却走到了一起。

你，我的磁石；我，你的灾祸。

在我飘忽的幻想中，你是那一剂确定，

永远都将如此。

无需戒指来维系我俩的关系，

因为锁链亦是由金属环构成。

尽管时候尚早，我已迫不及待：

我的心已被你俘获，促我坦白。

下午我们离开房间，

我在汉莎的航班上无法入眠，

你一次又一次地流连，流连……

音乐里的吻

这旦有几首关于爱情和初吻的歌曲，是从我俩最喜欢的歌曲中挑选出来的，我们打算将其作为个人的音乐收藏送给自己的孩子。不过，考虑到音乐的世界是浩瀚无边、不断发展的，我们建议你把这些歌曲当作起点，在自己的记忆里和手头的音乐资源中搜寻一番，创建真正属于你的音乐收藏。

洛伦扎·约瓦诺蒂，《再吻我一次》（*Baciami ancora*）

（2011 年，创作者：萨图尼诺·切拉尼、洛伦扎·凯鲁比尼、里卡尔多·奥诺里）

讲述一段注定会持续至永恒的爱情故事需要成百上千个画面，因为人不可能转瞬就做完一切事情，尤其是面对"和你一起追逐我们命运中的所有浪涛"的愿望之时。于是，在这首歌里，吻成了"对时间的美好浪费，不可能的任务，梦的产物，于一日之内体验到的一生"。

詹娜·南尼尼，《融化一切的吻》(*Bacio fondente*)

（1998 年，创作者：詹娜·南尼尼、马尔科·玛丽亚·科隆博）

这是一首真正的对初吻的颂歌。这一吻使两位主人公沉浸于一种别样的关系之中：第一眼化作无限，所发生的一切"打开了天空，让整个世界变得光彩夺目"。

切萨雷·克雷莫尼尼，《月球上的初吻》(*Il primo bacio sulla luna*)

（2008 年，创作者：切萨雷·克雷莫尼尼）

在这首歌里，吻是这样一种体验：你可能需要历经两百万千米的旅程，才能征服它并理解它的全部价值和强度。

乔瓦尼·阿莱维，《吻》(*Bacio*)

（2006 年，创作者：乔瓦尼·阿莱维）

这是阿莱维创作的一首非常炽烈的音乐作品，灵感来源于克里姆特的同名画作。它将与亲吻相关的情感与两种不同的艺术呈现形式结合在了一起，提供了一个绝佳的契机：你可以引导孩子借着两位艺术家炽烈的创作，去找寻自己对"吻"的定义。

焦尔吉娅：《吻的传奇》(*La leggendaria storia del bacio*)

（1995 年，创作者：加托·潘切里、切尔索·瓦利）

这是一份真正的吻的选集——从老电影里的吻，到"如詹姆斯·德安 ① 的颌骨般甜硬"的吻……因为世间本就有各种各样的吻，有的治愈，有的忧郁，但最美的，当属潜入我们的灵魂至深处的吻。

卢乔·达拉，《先给我一个吻》(*Prima dammi un bacio*)

（2003 年，创作者：卢乔·达拉）

这是一个你不会忘记的吻。一个小偷，一位仙女，以及一种被描绘为"一场大雪"的生活。这是一首非常棒的歌，你会在其中不断迷失自我又不断找回自我，只为了寻到那唯一一样使活着变得值得的事物：爱。

卡门·孔索利，《最后一吻》(*L'ultimo bacio*)

（2000 年，创作者：卡门·孔索利）

与前面几首歌不同，这首歌讲述的不是将人们结合在一起的吻，而是离别之吻。这一吻是为了分手，为了从此永不相见，为了给一段爱情画上句号。毕竟，并非所有的吻都千篇一律，也并非所有的吻都能确保爱的永恒。

---

① 詹姆斯·德安（James Dean，1931—1955），美国演员，因在电影中塑造的叛逆青少年形象而出名。

一起看电影

电影讲述故事，点燃情感。通过片中角色的经历，电影将我们是谁、我们正过着怎样的生活，抑或我们梦想过怎样的生活，至少部分地投射在了银幕上。总之，我们悬浮于"认同"（"我觉得自己就像这部电影中的主人公一样"）和"投射"（"我希望自己能像这部电影中的主人公一样"）之间，在别人为了帮助我们更好地应对某种局面（甚或仅仅是为了给我们带来希望，让我们相信自己能够渡过难关）而写出的故事中照见自己。

电影的这种潜力对青少年来说尤其有用。这些孩子正生活在悬而未决的处境中，从前的生活已不再属于他们，未来的日子又是彻彻底底的待解之谜。因此，年轻人常借助于电影来想象自己将要生活于其间的现实会是什么样的，或是想象自己希望生活在怎样的环境之中。

银幕上所呈现的情感和情绪的波动、情欲和感官的幻想，是青少年在走向成年的道路上可以用来滋养想象力的重要"燃料"。自电影从先前的黑白两色（那时它还是少数人的专利）变成如今的彩色，最终不分老少、人人都可享用以来，情况一直如此。总之，电影中的吻并不仅仅局限于银幕，还能帮助观众在生活中书写故事。从《乱世佳人》中斯佳丽和瑞特的浪漫之吻，到《泰坦尼克号》中罗丝和杰克在船头的惊鸿一吻，电影中的吻不仅被印刻在胶片上，也印刻在了观众的情感记忆中，甚至如上面所援引的两个案例一般，成了超越其所属故事本身的象征。

电影还能让我们看到一件事情发生前后的情况，将其嵌置在由话语、人物和事件构成的完整故事中。这就是为什么它适合用来分析吻及其发生的背景和不同阶段，适合用来识别这一举动的意义。通过电影，我们可以获得乐趣（有时），至少可以部分地体验主人公的生活：与他们一起痛苦，一起欢笑，对他们的经历产生共鸣，获得对与剧情有相似之处的私人事件的理解——这就是电影能够成为谈论生活（而不仅仅是幻想生活）的契机的原因。

电影里的吻和爱

此处，我们要推荐十部谈论青少年时期的爱情（但又不局限于此）的电影。这些故事中的年轻人走的是非常不同的道路，面临的是无规律可循、不可预见的人生节点，但他们有一个共同点：都渴望以自己本然的样子被爱。故事中的吻有时发生得很匆忙，有时又经历了长久的等待。我们所选的电影，谈论的不仅是狭义上的初吻和初恋，其中一些更多谈论的是我们在第一部分第二章中谈到的对于有意识地处理性和感情问题而言必不可少的"生活技能"。

每部电影都可以与孩子一起观看，也可以分头观看。另外，每部电影的基本信息后面都有一个问题，可以作为父母与孩子之间或是父母双方之间展开讨论的出发点，也可用于班级内部的小组讨论。

《成长边缘》

（凯莉·弗雷蒙·克雷格，美国，2016 年，喜剧类，104 分钟，适合十三岁
以上的人观看）

剧情： 娜丁今年十七岁，向来是个没有安全感的笨拙女孩，但生
活却给了她一个最棒的朋友：克丽斯塔。有克丽斯塔在身边，娜
丁成功地扛住了成长过程中的所有挑战。然而，当娜丁发现克丽
斯塔与自己的哥哥——自己最嫉妒也最鄙视的人——走到了一起
时，她陷入了黑暗和孤独之中，直至决定向他人求助。

推荐理由： 这部电影能牢牢抓住孩子的注意力。它很好地聚焦于
主人公的情感世界，尤其向我们展示了不安全感和对不被他人接
受的恐惧是如何使娜丁变得孤僻且具有攻击性的。在"性"这个
主题上，主人公在某个特别沮丧的时刻一不小心给一个她非常喜
欢的男孩发了一条相当大胆的信息——收到男孩表示感兴趣的回
复后，她将不得不直面风险，决定自己想走多远，特别是弄清自
己真正想要的是怎样的爱情。

问题： 你认为娜丁在哪一场戏里学到了对她的人生而言真正重要
的东西？

关键词：最好的朋友；坠入爱河；不安全感

《小曼哈顿》

（马克·莱文，美国，2005 年，喜剧类，84 分钟，适合所有人观看）

剧情：盖布今年十一岁，仅有的兴趣爱好是电子游戏和篮球，直到有一天，他在空手道课上遇见了从前的同学罗丝玛丽。两人毕业后失去了联系，但现在，看着罗丝玛丽在体育馆内活动，盖布发现自己第一次用不同的眼光看待一个女孩，并有了一种难以抑制的想要与罗丝玛丽在一起的渴望。

推荐理由：这部电影，不论是成年人还是孩子都会觉得有趣。故事情节很简单，可以立刻将你俘获。它直观地描述了一个只对游戏感兴趣的小朋友是如何在一瞬间转变为一个男孩，开始体验新的情感并渴望投身于一段恋情。这部电影非常适合仍处在童年期和前青春期之间的模糊地带的男孩观看，但同时也适合女孩观看，因为罗丝玛丽代表了她这个年龄段的一种非常美好的生活方式。

问题：你是否体验过影片中所描绘的这种瞬间的转变？

关键词：坠入爱河；羞怯；嫉妒

《我和厄尔以及将死的女孩》

（阿方索·戈麦斯-雷洪，美国，2015 年，剧情类，104 分钟，适合十三岁以上的人观看）

剧情：克雷格是个懒散的青春期少年，不愿承担任何会改变自己平静生活节奏的责任，但他的妈妈并不认同这种缺乏担当的生活方式，强迫他与罹患癌症的高中女同学蕾切尔做伴。两个年轻人之间就此建立的关系触动了克雷格的心弦，这段友谊也引发了一系列与众不同的故事。

推荐理由：这部电影最成功的地方在于，它从一个非常悲惨的事件（即一个年轻女孩身患重疾）出发，却能以轻松的方式推进剧情，引发观看者许许多多的微笑。为了克服自己的格格不入感以及避免与他人之间产生任何相处问题，克雷格在学校活得就像个隐身人。遇见蕾切尔之后，他成功地说出了下面这句话："当有人触动你的心时，你需要能够意识到！"看到导演以如此引人入胜、不落俗套的方式讲述这种转变，你会大感意外。

问题：让克雷格和蕾切尔之间的友谊生根发芽的因素有哪些？

关键词：友谊；疾病；主人公意识

《西葫芦的生活》

（克劳德·巴拉斯，瑞士—法国，2016 年，动画—剧情类，66 分钟，适合十三岁以上的人观看）

剧情：十岁的西葫芦被送进了一家儿童收养所，因为他的妈妈突然离世，而他的爸爸很久以前就从他的生活中消失了。在这里，他遇到了另一些有过悲惨遭遇的孤儿，彼此间生成了强烈的友谊纽带。之后到来的卡米尔征服了西葫芦的心，让他感到肩头有了一份特殊的责任：用自己的爱来照顾这个女孩。

推荐理由：这部引人入胜的电影对所有人来说都会是一个惊喜。它令你发笑、感动、着迷，促使你反思那些足以拯救你的生命的纽带的重要性。它非常自然地向我们展示了孩子如何发自本能地懂得在各种情况下重建希望，享受生活赐予的一切美好，同时很好地讲述了两个孩子之间的感情可以多么强大和具有建设性。这是一部不容错过的电影！

问题：在什么情况下，你的某位朋友让你感到自己格外重要？

关键词：友谊；依恋；创伤

《迷途知返》

（纳特·法克森、吉姆·雷什，美国，2013年，喜剧类，103分钟，适合十三岁以上的人观看）

剧情：邓肯今年十四岁，父母已经离异。这是他第一次跟妈妈和她的新伴侣一起度假，而他与这个男人之间没有任何默契可言。邓肯是一个很听话的孩子，没什么进取心。一天，继父试图用一个问题（"你觉得自己有多大的价值？"）来激励他，但事实上，这个问题只把两人之间的距离拉得更远了。邓肯知道这个男人完全不相信他，不过，这个假期将使他有机会环顾四周，寻找对他的能力更有信心的人。在找寻的过程中，他与一个叫苏珊娜的女孩发展出了一段羞怯而深切的友谊——这个女孩也在苦苦挣扎，她遇到的问题与邓肯的非常相似。

推荐理由：这是一部对全家人来说都会颇具吸引力的电影。它讲述了一个充满信任的眼神何以能将一只丑小鸭转变为振翅待飞的白天鹅的故事。一份暑期工作成了获得自信的机会，让人敞开心扉迎接新的际遇，从而不再觉得自己一无是处。

问题：你觉得自己有多大的价值？

关键词：自尊；主人公意识

《少年透明人》

（加布里埃莱·萨尔瓦托雷斯，意大利—法国，2014年，奇幻类，100分钟，适合十三岁以上的人观看）

剧情：米凯莱是一个在学校里经常被人欺负的小男孩。他爱上了一个女孩，但对方似乎并未注意到他。不过，突然间，他发现自己拥有了一项超能力——隐身术。这一点，改变了他与周围所有人的关系。

推荐理由：这是对青春期身体的一个非常美丽的隐喻。身体的"不在场"让我们有可能想象，假如可以在不被人看见的情况下为所欲为（比方说走进女孩子的更衣室），生活会是什么样子。但与此同时，米凯莱也明白了，倘若没有身体，他便无法真正地与其他人在一起，无法建立人际关系并投身其中。这是一部令人着迷、发人深省的电影。

问题：你愿意当一天隐身人吗？

关键词：身体的有形性；霸凌；坠入爱河

《月升王国》

（韦斯·安德森，美国，2012 年，剧情类，94 分钟，适合十三岁以上的人观看）

剧情：苏茜和萨姆是两个十二岁的孩子，正在同一座小岛上度假。苏茜觉得自己不被家人理解，萨姆则是个孤儿。两个孩子相识并相爱了，他们决定策划一次出逃，逃跑路线是一条古道……大人都开始寻找他们，因为岛上即将迎来一场可怕的风暴。

推荐理由：这是一部超现实主义风格的惊艳之作。在影片创造的种种荒诞情节中，最有趣的是两位主人公非常认真地踏上冒险之旅时表现出的自然和清新。两个孩子在海滩上经历的浪漫时刻十分美好，远离成年人的目光，诗意而又纯粹。

问题：在两位主人公共度的特殊时光中，苏茜给了萨姆什么，萨姆又给了苏茜什么？

关键词：初吻；坠入爱河；越界

《疯狂原始人》

（克里斯·桑德斯、柯克·德·米科，美国，2013 年，动画类，98 分钟，适合所有人观看）

剧情：这部电影讲的是一个史前家庭的故事。他们住在一个山洞里，以保护自己不受捕食者伤害并远离其他一切危险。然而，处于青春期的女儿小伊再也无法忍受这种循规蹈矩、平淡无奇的日子——在遇到年轻的探险家盖后，她彻底改变了自己以及全家人的生活。

推荐理由：这部电影能给所有人带来莫大的乐趣。它讲述了步入青春期的孩子与试图在"孩子对改变的需求"和"成年人对孩子的保护"间寻求平衡的父母之间产生的分歧。对于小伊来说，改变的动力首先是爱，是一个男孩对她的吸引——这个男孩对她而言是一种象征，因为她一直以来都被父母置于严格的监管之下，而盖恰好代表了她与父母保持一点距离的可能性。

问题：你觉得你在多大程度上需要独自决定如何做自己的事情？

关键词：成长；坠入爱河；创新

《儿女一箩筐 2》

（亚当·尚克曼，美国，2005 年，喜剧类，94 分钟，适合所有人观看）

剧情：汤姆为一大家子人（贝克一家）组织了一次前往湖畔老家的怀旧之旅。这群度假者发现，他们一直以来的敌对家庭（莫托一家）正在湖对岸的一座豪华别墅里度假，尽享各种舒适的设施。就这样，狭路相逢的两个家庭展开了一场激烈的竞争……

推荐理由：这部电影非常有趣，所有人都会喜欢。情节大体上可以预测，但主人公非常可爱，性格刻画得相当到位。不过，最重要的一点是，贝克家处于前青春期的女儿和莫托家同龄的儿子对彼此产生了兴趣。这对年轻人希望能有一点独处的时间，不想时时被父母的目光跟随，两位父亲却无法找到应该与儿女保持的正确距离，把事情弄得一团糟，影片对此作了极为生动的描述。

问题：你身边的成年人在多大程度上信任你？

关键词：信任；坠入爱河；独立自主

《大人》

(安娜·诺维翁，法国—瑞士，2008 年，喜剧类，84 分钟，适合十三岁以上的人观看)

剧情： 十七岁的让娜和父亲去一个瑞典小岛上度假，抵达时发现出租屋里已经住着两个女人，因此不得不与她们一起生活了几天。三个成年人都因背负着尚未消化的痛苦经历而身心俱疲，但这次的相遇将给每个人的生活带来重大的转变，也包括那个年轻的女儿——她将首次远离父亲担忧的目光，尝试去探索自己的人生。

推荐理由： 这是一部很棒的关于爱情的电影，成年人或许会比孩子更加喜欢。它告诉我们，要想懂得如何去爱，光是拥有"成年人"的身份是不够的。有些创伤会损害我们向新的际遇敞开心扉的能力。让娜的父亲阿尔贝被妻子抛弃，于是不再相信爱情，想使女儿远离一切伤害，因为怕她受苦而总是把她置于自己的管控之下。这部电影以充满诗意的方式讲述了父母如何从自己犯过的错误中出发，为孩子提供真正的爱的教育。

问题：在你的父母或其他成年人的亲身经历中，是否有让你特别受触动的事？

关键词：亲子关系；爱的教育；成长

阅读爱情

最后，让我们来谈一谈文学。诗歌和小说无疑是憧憬爱情时的重要养料，可以帮助你找到用来讲述爱情的语言，习得保持爱情活力的必要方法。因此，要想与孩子在性和感情方面展开思考和对话，文学是你可使用的最有力的工具之一。围绕该主题的文学作品可谓无穷无尽，其中有伟大的经典，也有近几十年来吸引新生代眼球的新作，书店和图书馆里也有大量写给年轻人看的谈论初恋的书籍。

你或许可以和孩子一起去书店或图书馆（如方才所述，这些地方有着品类丰富的谈论初恋的书籍），在专业人员的建议下或听从自己的本能做一番游览，各自选出最吸引自己的那本书。这个"游戏"对所有人来说都将是富于教育意义的：你和孩子的选择标准可能会非常不同，但也有可能会颇为相似（尽管时代在变化）。

在此，我们要向你推荐两段令我们十分动容的文字（我们还将其送给了自己的孩子，他们也赞赏不已）：一是雅克·普雷韦尔[1]的一首诗，二是从埃里·德·卢卡[2]的小说《鱼不会闭上眼睛》中节选的一段近乎幼稚却充满寓意的对话。

---

[1] 雅克·普雷韦尔（Jacques Prévert, 1900—1977），法国诗人、编剧。
[2] 埃里·德·卢卡（Erri De Luca, 1950—　），意大利小说家、诗人、翻译家。

《相爱的孩子》^①（雅克·普雷韦尔）

相爱的孩子

站在夜的门前拥吻

路人对其指指点点

但相爱的孩子

不为任何人而存在

在黑暗中晃动的

不过是他们的影子

它激起路人的怒火

他们的愤怒　他们的蔑视

他们的窃笑　他们的嫉妒

相爱的孩子不为任何人而存在

他们置身于远在黑暗之外、

远在日头之上的他处

沐浴在初恋耀眼的清辉中

《鱼不会闭上眼睛》^② 片段

"你喜欢爱情吗？"

她问，双目直视前方。一艘侧身印有一道蓝色条纹的白船正

---

① 见雅克·普雷韦尔：《盛演》（*Spettacolo*, Guanda, 2003）。——作者原注（下方引用的诗
　歌根据此意文版译出）
② 埃里·德·卢卡：《鱼不会闭上眼睛》（*I pesci non chiudono gli occhi*, Feltrinelli, 2011）。
　——作者原注

缓缓驶入视野。

"在这个夏天以前，我只在书里读到过它，不明白大人们为什么那么容易激动。但现在我懂了：因为它会引起变化，而人们喜欢被改变。我不知道我喜不喜欢爱情，但我现在已经拥有了它，而且是第一次拥有。"

"你已经拥有它了？"

"是的，我发现我已经拥有它了。是从手开始的，从你第一次握住我的手开始。'保持'是我最喜爱的动词。"

"你说得真滑稽。你是爱上我了吗？"

"人们通常是这么表述的吗？总之是从手开始的，我的手爱上了你的手。然后我们的伤口也相爱了。它们很快开始愈合，就在你来看我的那个夜晚——你触碰了我的那个夜晚。你离开房间后，我感觉很好，从床上爬了起来，第二天去了海边。"

"那你喜欢爱情吗？"

"它很危险。我们可能会受伤，然后，为了让事情朝着对的方向发展，又会造成其他伤害。这可不是什么阳台上的小夜曲，而像是从西南方向袭来的海上风暴，海面狂风肆虐，海底暗流涌动。我也不知道我喜不喜欢。"

"我给你的那个吻，你总该喜欢吧？"

经典文学作品《飘》

结 语

　　当孩子将来踏入与他人共享的爱的领地时，没有哪位父母会在场。围绕爱情发生的一切，最终将由孩子决定怎样以自认为合适的方式，在合适的时间，用合适的语言来向父亲或母亲讲述（当然，前提是他们认为这么做是合适的）。但这只会是一种陈述，一种间接的展示，我们不会在场亲眼看见。我们可能会在一些段落中现身，可能会获准投去远远的一瞥或是短暂地见识某些炽烈的场面，但我们的孩子将在他们自己的空间里按他们自己的节奏来体验亲密关系和爱情，而他们的经验与我们的肯定不会是一回事。

　　然而，不管怎样，当孩子开始探索爱情的时候，每位父母都会存在于自己孩子的心灵和脑海中。日复一日，我们成年人可以通过一言一行的累积，在孩子的内心世界获得空间、角色和存在感。在孩子的日常感情生活中，爸爸妈妈将以"内化了的父母形象"，作为某些价值和典范的实例长期（有时甚至永远）存在于孩子心间，而孩子则将学会把这些价值和典范视作指导自身言行的参照物。这个过程从生命的第一天就开始了，但要到前青春期时（即孩子离开巢穴、离开此前一直成长于其间的保护区时）才变得至关重要。家门内，是他们来自其间的那个世界，那个帮助他们理解自己正在成为谁和想要成为谁的世界；而家门外，则是等待着他们的大千世界——在这个世界里，他们将不得不定义一个由过往的经历所塑造的身份，但在此基础上，每个人又必须通过与自身及他人的抱负、动机的对峙，生成并创造自己的全新身份。

作为父母，我们的任务是在孩子的内心世界为自己营造某种良好而有效的存在感，使他们能够受到我们以及我们的原则、教诲和价值观的启迪——不是因为我们把这些东西强加于他们，而是因为我们懂得用连贯而热情的方式向孩子推荐这些信条，最重要的一点则在于我们本身就是这些信条的践行者。带着种种不完美和强烈的愿望，带着些许焦虑和诸多感情，在与孩子的关系中，我们做父母的必须成为"爱与性之美好"的证人，向孩子展示成年人的生活方式——懂得欣赏人生的各类体验以及生活的所有面向，当生活以最灰暗、最意外、最可怕的面目袭来时，懂得寻求帮助，而不会把自己孤立起来。

对孩子来说，这种为人父母的方式是他们在成长阶段所能拥有的最好的支持。知道自己可以轻装走出家门，可以获得与自身能力及年龄相匹配的生活体验，可以在受过良好情感教育的情况下去探索爱的领地，这是他们孩子的权利。对我们成年人而言，这则是我们的教育责任之所在，必须被纳入我们的教育计划。

推行面向成长中的孩子的情绪教育、情感教育和性教育，我们所有人责无旁贷。我们必须这么做，因为这是一种成长的资源，我们的孩子对其有着非比寻常的需求——与以往任何时候相比，当下尤其如此，因为在充满超链接的生活中，孩子们可能会对爱、感情、情绪、情感和性持有错误、虚假且被置于现实原则之外的观点。

此外，成长中的孩子有必要通过将他们带到这个世界上并养育了他们的成年人的故事来发现爱及爱的意义。我们所有成年人必须成为大写的爱之美好的证人——那是我们曾经追逐继而找到的爱，是我们可能已经失去或被背叛的爱，但在我们生命中的某些阶段，是它让我们明白了我们来到这个世界上的缘由。我们无论为这项事业作多么充分的准备，都仍会有感到不备和困窘的时刻，但重要的是，在任何时候、任何情况下，即便知道自己肯定会犯错，我们依然要有努力尝试的意愿。让我们共同努力，因为我们的孩子需要我们。

请讲述有关爱的真相：与孩子谈论它，使其了解爱的复杂性，但更重要的是，让他们了解爱的美好。

初 吻

有人梦我。

有人寻我。

有人永远找不到我。

有人过早找到了我。

有人害我姗姗来迟，

当我抵达时已不再等我。

有人收买我。

有人栽培我。

有人糟践我。

有人丢弃我。

有人将见面推迟，

却再也没有赴约。

有人盼我香气扑鼻。

有人对我的气味漠不关心。

有人用难闻的烟草味玷污了我。

有人用一口烂牙让我崩溃。

有人令我浑身沾满香味，

闻来好似人造汽车香氛。

有人很快将我遗忘。

有人再也忘不了我。

有人试图重新记起我，

却把我错当成那第二，

甚至第二十个。

有人对我念念不忘，

将我化作一份执念。

有人尽管还记得我，

却假装已把我忘却。

有人将我存在一张相片里。

有人将我存在一页日记中。

有人将我存在只能靠想象去领会的他人的言谈中。

有人将我存在胜过千言万语的沉默里。

有人将我存在心间，再也没有挪动位置。

梦我，直到梦变为现实。

让我在正确的时刻抵达。

栽培我。

让我变得有滋有味。

无论是冷是热、是甜是咸，

这味道只属于我，

独一无二。

仿佛只有我能存在于你的生命之中——

因为尽管此后你还会经历许许多多的吻，

但我，会是那唯一的第一个。